김소월 시맥 문학상
수상집

대한민국항일문학시맥회

김소월 시맥 문학상 수상집

초판인쇄 | 2024년 2월 18일 **지은이 |** 주선옥 안명자 조혁해 유영수 이문학
펴낸이 | 김영태 **펴낸 곳 |** 도서출판 한비 CO **출판등록 |** 2006년 1월 4일 제
25100-2006-1호. **주소 |** 대구시 중구 남산2동 938-8번지 미래빌딩 3층301호
전화 | 053)252-0155 **팩스 |** 053)252-0156 **이메일 |** kyt4038@hanmail.net
홈페이지 | http://hanbimh.co.kr

ISBN   9791164871575
값   15,000원

*잘못된 책은 교환해 드립니다.
*저자와의 협의로 인지는 생략합니다.

김소월 시맥 문학상
수상집

대한민국항일문학시맥회

[김소월]

김소월 시인은 어린 시절부터 아버지의 정신병으로 인해 가정 형편이 어려웠다. 그럼에도 불구하고 그는 독서를 즐기며 문학적 재능을 키워나갔다. 특히, 자연을 사랑하고 서민들의 삶에 관심이 많았던 그는 자신의 경험을 바탕으로 시를 쓰기 시작했다.
김소월의 대표작인 '진달래꽃'과 '초혼'은 사랑의 아픔을 노래한 듯하지만, 그 이면에는 일제 강점기라는 시대적 배경과 민족의 상실감이 담겨 있다. 이 시는 간결하고 아름다운 언어로 표현되어 많은 사람들에게 공감을 얻었으며, 한국 시 문학사에 한 획을 그었다. 초혼의 '산산이 부서진 이름이어! 허공 중에 헤어진 이름이어!'라는 구절은 잃어버린 조국과 민족의 정체성에 대한 애도를 담고 있다.
김소월의 시는 직접적인 항일 구호를 외치지는 않았지만, 민족의 한과 정서를 섬세하게 표현함으로써 자연스럽게 저항의 의미를 담고 있다. 그의 시는 일제 강점기라는 어두운 시대 속에서도 희망을 잃지 않고 민족의 정체성을 지켜나가려는 우리 민족의 강인한 의지를 보여주는 중요한 문화유산이다.

가을 저녁에

물은 희고 길구나, 하늘보다도.
구름은 붉구나, 해보다도.
서럽다, 높아가는 긴 들 끝에
나는 떠돌며 울며 생각한다, 그대를.

그늘 깊어 오르는 발 앞으로
끝 없이 나아가는 길은 앞으로.
키 높은 나무 아래로, 물마을은
성깃한 가지가지 새로 떠오른다.

그 누가 온다고 한 언약도 없건마는!
기다려볼 사람도 없건마는!
나는 오히려 못 물가를 싸고 떠돈다.
그 못물로는 놀이 잦을 때.

| 서문 |

　
항일의 위상을 정립하자고 친일을 색출하여 단죄하는 일이 사회의 관심을 끌고 칭찬이 되다보니 정작 항일에 대한 관심은 사라지고 친일 척결이 시대의 사명이 되어 항일에 대한 관심은 멀어지는 '악화가 양화를 구축'하는 격이 되고 있다.

항일정신을 계승·발굴·보존·확장하자고 진행하는 행사들도 항일에 초점을 맞추기보다는 행사 주최의 홍보와 위상을 세우려고 하는 뜻이 더 많이 포함되거나 특정일에 일회성으로 그쳐 동조나 공감·동참을 얻지 못하고 있다.

항일문학 역시 심도 있는 연구를 통하여 항일문학에 대한 바른 이해와 정신을 잇고 의의를 조명하여 항일문학의 위상을 정립하여야하지만 일등 제일주의와 일등 나열주의 그리고 상금으로 인한 배금주의로 문학상을 둘러싼 잡음과 상금을 노리는 문학상 사냥꾼까지 등장하는 일이 발생하여 항일문학이 조명되기보다는 수상자와 상금에 더 관심이 쏠려 항일문학의 숭고한 뜻과 정신이 퇴색되고 있다.

본회는 이러한 현상을 지양하여 진정한 항일의 가치·정신·의미를 조명하여 널리 알리고 일반의 동참을 이끌어 내기 위하여 일등제일주의와 배금주의로 일인이 독식하는 문학상을 배제하고, 특정한 곳에서 후원으로 제공하는 상금으로 인한 잡음을 차단하고자 외부로부터 일체의 후원을 받지 않고 오로지 항일문학의 정신과 의의를 계승·전파하는 것을 목표로 하여 문학상 수상자의 수상은 항일문인과 작품 그리고 수상자 작품을 함께 실은 수상집으로 대신하여 대중에게 다가가는 항일이 중심이 되는 작업을 이어가고 있다.

차례

주선옥

· 프로필_13
· 수상소감_14

연서_15 그 가을 첫사랑의 기억_16 궁남지 연꽃_17 너에게로 가는 봄길_18 서로 바라기_19 너만의 꽃길을 가라_20 보배로운 경주남산_21 천년의 기도_22 첫사랑_23 추풍령 휴게소에서_24 바람 불어 날이 좋은 날_25 시월의 엽서_26 너에게로 가는 여름길_27 11월은_28 길모퉁이 그 집 앞을 지나며_29 어린 시절 추억 속에서_30 바다로 간 솟대_31 꽃밭에서_32 내 안의 나에게_33 고독이라는 동굴_34 자작나무 같은 사람_35 때로 혼자라는 시간이_36 당신이라는 풍경_37 채송화_38 마음 밭에 심은 것은_39 초가을 감사 가는 길_40 염화미소_41 복(福)을 누리려면_42 9월의 마음_43 가을의 속삭임_44

안명자

· 프로필_45
· 수상소감_46

사랑을 향해 갈 때는_47 빗물 웅덩이_48 물봉선화_49 한기_50 이름 없음의 자유_51 빈 밥그릇_52 희망의 사포질_53 이젠 꽃이 필거야_54 예초 작업_55 좌판 할머니_56 마지막 잎새_57 동거_58 한 번쯤_59 음식솜씨_60 맥문동_61 깊은 밤에_62 눈 내리는 겨울밤_63 꽃을 가꾸며_64 봉숭아 씨방_65 윤회의 어디쯤_66 네 앞에서는_67 난치병_68 길에서_69 기생하고 싶어_70 펜듈럼_71 폐결핵_72 이런 마음_73 누구도 아닌_74 아름다운 세상_75 토요일 아침의 산책길_76

조
혁
해

·프로필_79
·수상소감_80

청보리 물결_82 그리운 어머니_83 백합꽃 향기_84 충혼탑 앞에서_85 가로등_86 청송 정원_87 가을 오솔길_88 시계추_89 삼지연꽃단지에서_90 아차산에 오르며_91 인왕산 바위 꽃_93 중랑천 바라보며_94 주산지 버들 꽃_95 목련_96 나무다리_97 버들강아지_98 코스모스 정원_99 밤 열차_100 경포대_101 목탁소리_102 청령포에서_103 주왕산 철쭉_104 바람꽃_105 양산 통도사 자장암에서_106 모닥불_107 석류_108 서리꽃_109 수선화_110 오동도 동백_111

유영수

·프로필_113
·수상소감_114

序詩_116 구름이 없다(雲無)_117 壁_118 山寺_119 風磬_120 흰 지팡이_121 세숫대야_122 어느 木魚의 꿈_123 붉은 찔레꽃_124 어떤 버스 정류장_125 코스모스_126 강 같이 흐르는 7번 국도_127 당신께서 묻네요_128 晚秋의 기억_129 물끄러미_130 엄마 키우는 딸_132 오월의 단풍_133 를_134 나의 살던 고향은_135 해당화_137 달 보고 울자_138 돌아갈 곳이 있다_139 염습(殮襲)_140 천장(天葬)_141 파묘(破墓)_142 하루 먼저 뜬 팔월 보름달_143 아, 어머니_144 고갯길_145 슬픈 세상 떠나며_146 가을 山行_147

이
문
학

·프로필_149
·수상소감_150

별빛의 속삭임_153 추억의 정원_155 사랑의 여정_157 자연의 품에서 피어난 사랑_159 바람의 노래_161 시간의 조각들_163 한 뼘의 기적, 농부의 손길_165 별빛 아래의 꿈_167 시간을 잇는 실타래_169 무지개 속의 비밀_171 바람이 전하는 이야기_173 계절의 흐름, 삶의 리듬_175 영혼의 춤, 빛의 노래_177 꿈꾸는 별의 속삭임_179 흙 속의 꿈, 씨앗의 희망_181 시간의 모래알, 추억의 향기_183 바다의 심장, 파도 속의 이야기_185 달빛 아래의 고백_187 사라진 계절, 피어나는 꽃_189 희망의 노래_191

주선옥

명예문학박사. 시인
─대한문학세계 시 부문 등단 ─(사)창작문학예술인협의회 회원
─대한문인협회 대전충청지회 정회원─대한창작문예대학 졸업
─문예창작지도자 자격 인증─국립공주대학교 사회복지대학원 졸업
─현재 국민건강보험공단 천안지사 근무

[수상]
2019년 대한창작문예대학 졸업 작품전 은상, 2020년 한국문학예술진흥원 코로나19 극복 공모전 최우수상, 대한문인협회 2021 짧은 詩 짓기 전국 공모전 동상, (사)창작문학예술인협회 2021, 2023년 올해의 작품상, 2022년 한국문학베스트 시인상, 2022년 한비문학상, 2024년 우암송시열 문학상 대상, 제16회 미당서정주시회 문학상 수상

[시집]
─ 아버지의 손목시계─ 너에게로 가는 봄길─ 당신의 기차가 지나갑니다

[공저 및 작품수록집]
문학 어울림 동인시집 "어울림2", 대한창작문예대학 졸업 작품 동인지 "가자 詩 심으러", 가곡 작시"그 가을 첫사랑의 기억","풀잎편지", 낭송시집 "시 마음으로 읽다" 8집, 한비문학 2020 코로나19 극복 대한민국 36시인 시 특선집, 2021년 시음사 명인명시 특선시인선2021년 한비문학 대한민국 명시모음전, 조선어연구회 100년 기념발족 현대시와 인물사전에 선정, 2022년 한비 문학상 수상집, 2022년 대한민국 베스트시인상 수상집, 2023년 이육사시맥 문학상 수상집, 20주년 시음사 명인명시 특선시인선 선정 외 다수 수록

수상 소감

소월의 詩는 문학소녀 시절부터
내 가슴속 깊이에 고여 흐르는
맑은 샘물과 같았습니다.

소월의 詩를 읽으며,
영감과 위로를 받았고 詩의 밝은
길잡이가 되어주었고,
나의 시적 여정을 밝혀주었습니다.

이 상은 나에게 큰 힘이 되어,
더 높은 곳으로 날아오르는 꿈을
꿀 수 있게 해줍니다.

소월의 詩를 기리며,
나의 詩를 통해 세상을 아름답게
물들여 가겠습니다.

김소월 시맥 문학상 받음을
영광으로 생각하며 미욱한 글
예쁘게 보아주신
심사위원님들께 큰절 올립니다.

충남 예산 오가에서 주선옥 拜

연서

심중에 꼬깃꼬깃
접어놓은 쪽지하나
그립다가
밉다가
보고프다가
잊고 싶다가
청춘이 어느 사이
중년이 되었 것만
그 쪽지는
색도 바래지 않는다.

그 가을 첫사랑의 기억

스산하게 스치는 가을바람에
뜨거운 커피 한 잔을 마시는데
그 향이 폐부를 찌른 듯 너무 아픕니다.

당신이 꺾어다 준 들꽃 한 줌
햇살이 뜨겁게 달구던 마루 끝에서
버려진 듯 시들어 가면서도
짙게 내뿜던 꽃향기가
내 심장 깊이에 파편처럼 박혔지요.

숨마저 멎을 듯 절실했던 그 가을이
이제는 세월 속으로 아득히 흘러갑니다.

궁남지 연꽃

오탁악세 사바의 뭍 중생들에
온갖 눈물을 다 받으시고
때가 되면 홀가분히 비워내며

서동요의 전설을 은은하게
품어 안고서 오가는 발길마저
말없이 지켜 바라보며

달빛 머금은 고귀한 자태
그 심중에 품은 향은
또 얼마나 그윽한지

옛 궁궐의 남쪽 연못에
연꽃을 심어두고 여여한
일상의 해탈을 꿈꾸어

과거 현재 미래 그 어느 때
풀꽃 같은 연화 한 점에
반개한 님의 눈빛에 미소를 지을까요.

너에게로 가는 봄길

오래 기다린 시간
코끝에 땀방울 맺고
썩어질 씨앗 하나 품었다

초록으로 열린 새 세상
그 싱그러운 바람 따라
양 귓볼 붉어지는 설렘으로

어디 진달래 꽃바람 불거든
감당할 수 없으니 버들가지로
휘휘 휘둘러 쫓아버리고

어둑하던 산등성이 구름을 걷고
일곱 빛 무지개다리를 올라
화사한 빛으로 은근하게

겨울을 건너오느라 부르트고
찢어진 엄지발가락을
그 품에 깊이 묻어 쉬고 싶다.

서로 바라기

등 뒤에서 나직하게 부르는
당신의 목소리에서는
언제나 햇살 같은 풀내음이 납니다.

내 안에 가득히 출렁이는
당신의 희끗거리는 머리카락은
언제나 깊은 바다가 되었고

100세 시대 절반을 뚝 꺾고
몇 걸음을 더 걸어 나오며
서로의 눈 속에서 출렁이는 숨결

태양의 걸음을 간절하게 따라가는
저 초라한 해바라기가 아니라
서로를 향해 그윽해지는 씨앗

그 어느 시절로부터 시작된
간절한 기다림이었는지 모르지만
다음 생이 있다면 우리의 운명입니다.

너만의 꽃길을 가라

마음 안에 그늘을 지우고
새벽처럼 푸른빛과
안개처럼 흐리지만, 희망지고

구름에 가려진 햇살의
밝은색을 꿈꾸며
미움을 놓고 사랑을 안고

빛 한 점 없는 어둠 속에서도
발밑을 믿어 의심치 않는
신앙의 마음으로

누가 피워주는 꽃길이 아니라
내 안에 스스로 피워내는
붉고 향기로운 꽃길을 가라.

보배로운 경주남산

연보랏빛 미명의 남산 하늘에
유난히도 빛나는 별 무리

억겁의 인연으로 오르내리는
산기슭은 닳아 부셔 저도

부처님이 앉아계신 연화대는
뭇 중생들의 업장을 녹이시니

새로운 천년의 인연으로
사바세계 고해를 건너서

부처님의 자비 광명 나투시는
세세생생 도솔천이 예로구나.

천년의 기도

남산자락 한 기슭에서
땅을 베고 하늘을 덮고
천년을 잠들었다가 깨어나
지긋이 바라보는 님의 눈빛

희로애락의 굴레를 벗어나지 못한
어리석고 어리석은 중생이여
복색이 바뀌고 양식은 발전했으나
그 마음자리 하나 어쩌지 못해

남산 바위가 닳도록 먼 산의
돌부처 이름만 부르며
과거 현재 미래에도 매이지 말라 했거늘
오늘도 공염불에 오진 업장만 쌓는다.

첫사랑

세상에 태어나 첫 마음으로
봄비처럼 촉촉하게 심장으로
스며드는지도 모르고

그 푸르렀던 시절의 수줍음으로
수십 년을 품었던 옹이하나
이름 지을 수 없는 나무 한 그루

소나기처럼 쏟아 붓지도 못하고
마법의 성으로 이끌려갔다가
평생의 목마름이 되어버렸어요

이제는 그저 고요하게 저물어가며
곱게 수놓이는 노을처럼
비단 같이 신비했던 그대의 미소를

은은하고 여유롭게
깊어져 가며 흐르는 강물처럼
당신을 바라보고 싶습니다.

추풍령 휴게소에서

가을 · 바람 · 언덕 ·

가을바람이 걸터앉아
쉬었다 가는 언덕?

가을바람이
스쳐 지나가는 언덕?

어떻든 간에
부슬부슬 비가 내리는
지금 이 언덕에 앉아

육십 평생의 삶에
자욱한 안개 분수 속에서
잠시 걸터앉아봅니다.

지나가는 춘풍도 앉았고
숨 가쁜 동풍도 잠시
함께 쉬어가길 불러 앉혀서

생애의 고비마다
이렇듯 걸터앉아
숨 쉴 수 있는 언덕이 있다면

어디론가 떠나가는 길이든
갔다가 돌아오는 길이든
풀썩 주저앉아 쉬면되는 것입니다.

바람 불어 날이 좋은 날

전생으로부터 그리움 되어
이 생애서도 닿지 못한 그대
하늘 푸르고 햇빛 눈부신 날
적어도 그날은 아니리

풀잎에 촉촉이 빗방울 맺혀
울먹이는 그리움 쏟아져 내리고
저만치 강 건넛산 그늘이
장밋빛으로 서려 아름다울 때

차마 부르지 못하는 그대의 노래
부르다 부르다 지쳐 기어이
나무가 되고 새가 되는 날

먼 하늘에 뜬 하얀 달이
그대라는 나뭇가지에 비로소
평안의 숨소리로 잠이 드는 그날!

시월의 엽서

옥수수 밭은 이미 오래전에
빈 쭉정이 고갱이까지 거두어들였고
고소한 내가 진동하는 들 깻단은
햇살 뜨거운 밭둑 아래 누웠다.

탱탱하게 부풀어 빨간 풍선 같은
고동 시 감이 달게 영글어
벌떼가 윙윙거리는 들국화 위로
철퍼덕 떨어져 내리고

약을 치지 않은 모과나무 열매는
황금 덩어리처럼 농익었으나
저 홀로 낙화 법을 익혀
그 영화로운 향기마저 떼구르르

그 누구에게도 선물이 아닌
그냥 지수화풍으로 돌아가는
만물 귀 일의 법칙으로 승화해가는
시월의 모든 것은 수행의 수레바퀴다.

너에게로 가는 여름길

강둑의 노란 꽃이 물속에 비춰
일렁이는 강물 따라 바다로 간다

소리치며 뒹구는 자갈의 꿈
숨죽이며 유영하는 시간의 허리
끊임없이 뱉어내는 풀꽃의 긴 숨
누가 그 풍경을 아름답다고 했던가

벗어놓지 못하는 푸른 날개
담장 밑 그늘에 널브러져
바람에 안겨 올 소식 기다리며
그래도 가야 할 곳이 있으니

한 겹 또한 겹 세월의 흔적처럼
강바닥에 무수히 수장되는 넋은
어느 바다에 이르러서야
비늘처럼 일어나 반짝거릴까?

11월은

허수아비가 떠나고 황량해진 들판에
참새가 내려앉아 눈물을 흘린다
까불거리며 놀아 줄 친구를 잃고
텅 빈 들녘에 우쭐거리기도 머쓱해졌다

눈을 깜박거리지도 못하고
양팔을 벌리고 훠이훠이 지켜야 할 것을
기어코 지켜내려 앓아눕지도 못하던
허수아비는 내년에야 돌아오겠노라

뒤를 돌아보지도 않고 성큼성큼
저기 산 넘고 강을 건너 푸른 산 밑으로
그림자 되어 길게 드러누워서
오렌지 빛으로 타오를 꿈을 또 꾸겠지

시려오는 가슴에 흙냄새 같은
훈훈한 추억의 꽃 주머니 속 향기
모진 기억은 박제되어
사각 액자 속에 가두어 풍경 되어 걸렸고

모락모락 오르는 훈기로 지펴 질
우리네 삶의 전설은 내일도
사랑 할수록 덜어지는 근심으로
점점 가벼워지는 날개를 쉬려 한다.

길모퉁이 그 집 앞을 지나며

도심을 벗어나 낯익은 외곽의
직선으로 달리다가 살짝 굽이를 돌며
다른 마을로 향하는 좁은 길
모퉁이를 도는 그 집 마당에는
수십 년은 된 듯한 살구나무가 있었다.

해마다 봄이면 마을 전체를
환하게 밝히는 작은 등불 같았던
살구나무 꽃 때문에 무슨 일로
울적했다가도 그 집 마당에 서면
가슴속이 후련해지고 입 꼬리가 올라가곤 했다.

그러나 더 이상 그 몽환적인 꽃그늘은 없다
어느 날 하얀 밑동만 남겨진 채 베어져서
잔가지만 마당 가 멍멍이 집 지붕에서
배배 꼬이며 말라가더니 지금은 흔적도 없이
그 흩날리던 봄을 영원히 지워버렸다.

삶의 날들도 늘 화사한 날이 아니라
기쁘고 즐겁고 화려했던 시절의
고운 풍경과 따듯했던 순간이
어느 순간 지워진 듯 먹먹해지는 순간을
우리는 과연 여여하게 대할 수 있을까?

어린 시절 추억 속에서

어느 비가 내리던 몹시도 허기지고
가슴이 시리던 저녁이었지
먹거리도 늘 부족했던 시절

쌀독은 오래전에 비어 있었고
방 한편에는 밀가루 포대가 반쯤
허리가 접힌 채 놓여 있었는데

엄마가 바가지로 밀가루를 퍼내시더니
물을 붓고 반죽해서 수없이 치대고
홍두깨로 밀어서 얇아지면

서리서리 접어서 칼로 쓱쓱 썰어
고추장 살짝 풀고 냉이 한 줌 넣고
구수하게 끓여내 주시던 칼국수

그 쫄깃하고 칼큼하던 한 그릇은
아버지와 우리 육 남매의 마음을
참 행복하게 해 주었었는데

오늘 고기반찬에 쌀밥을 먹어도
헛헛하니 무언가 부족하고
허기지는 마음은 무엇일까요?

바다로 간 솟대

꽃상여 타고 떠나
이제 당신의 경계는
그 바다가 되었군요.

구십여 년 인생사
하얗게 바랜 기억 속에
굴곡진 날들도 끊고

안과 밖의 경계
생과 사의 경계를 벗고
생사고락의 여한도 없이

훠이훠이 떠난 당신은
바람 되어 흐르나니
피안의 언덕에 이르소서.

꽃밭에서

삶은 늘 우리에게
불안하고 고독한 긴 터널을 지나서
환하게 밝아오는 선물을 줍니다

아무리 현명한 선지자의 말씀이
세상에 책으로 쌓여 있어도
우리는 스스로가 그 길을
고뇌롭게 걸어 본 후에야 비로소
무릎을 치며 바보 같은 탄성을 지릅니다

그곳에 이르기 위해
첫 계단부터 밟아야 하는
당연한 진리를 간혹 잊을 때가 있고
성큼 뛰어올랐다가 넘어진 후에야
모든 것에는 준비가 필요하다는 것을 압니다

드러나 보이지 않는 흙의
속내 깊은 자양분을 티 없이 머금고
살아 숨 쉬는 지금, 이 순간의
펄떡거리는 심장 소리를 비로소 느낄 때
경이로운 생명의 기쁨을 알게 됩니다

빛으로 충만한 터널 끝에서 만나는
참다운 우리의 맑은 가슴 가슴은
이제 꽃도 영글어 씨앗이 되고
다시 환생하기 위한
아름다운 허물을 벗고 있음을 압니다.

내 안의 나에게

세상천지 어디
의지처가 있던가?

홀로 가는 인생사
소소함에 환희의 꽃 피워

무심해지는 마음 열고
오늘도 여여한 등불 밝혀

슬픔아 눈 뜨지 말라
어찌 한두 번 이겠느냐?

아픔아 눈 뜨지 마라
견뎌가며 성숙하자

이별아 눈 뜨지 말라
제발 그것만은 깊이 잠들라.

고독이라는 동굴

가능하면 더 깊숙이 들어가
철저한 고요와 어둠 속에서
영혼이 헐벗겨진 자신을 들여다보자

웃기만 했던 날의 허상이 있던가
울었던 날의 진실이 빛났던가
모두가 탐진치의 그림자인 것을

매우 중요한 것은 모두가
허상임을 알면서도 놓지 못하는
어리석음이 가장 큰 독소인 것을

어디 피할 곳이 있던가
나(我)라는 아상(我相)을 철저히
부수어야만 진정한 자유인이 되리라.

자작나무 같은 사람

가지런한 미소가 소소리 일어나
자기 안에 덕지덕지 붙어있던
선한 에너지 뚝뚝 떼어내어

그리 진하지는 않으나
깊이 숨 쉬게 하는 맑은 정기
그 은근한 힘은 어디서 오는 걸까요.

당신의 안식은 저만치 밀쳐놓고
언제나 한껏 뿜어내어 다독거리는
그 풋풋한 향기는 다시

새들의 고단한 날개를 쉬게 하고
시들었던 꽃잎을 빛나게 하는
당신은 새벽 숲의 이슬 입니다.

사람 사는 일이 때로는
큰 잎새에 가려 빛을 쬐이지 못하는
작은 풀꽃처럼 고개를 숙이고

눌리는 숨골에 눈물도 나지만
당신의 하얀 여백 같은 그늘은
자작나무 숲을 닮았습니다.

때로 혼자라는 시간이

우리 사는 일이라는 게
때로는 무겁고 갑갑하고
의무적인 것이 어깨를 짓누르고
마음을 옥죄어 오는 느낌

누가 무어라 하지 않아도
꼭 해야 하는 그 무엇이
작은 구성원들 간에
또는 큰 조직이기도 하고

사랑하는 가족 속에서
이웃이라는 사회 속에서
발목이 잡혀 헤어나지 못하고
병 든 줄도 모르고 앓다가

어느 찰나에 그것이
순간적으로 멀어지며
남의 일처럼 바라보아질 때가 있지

그 속에서 숨쉬기도 어렵고
지쳐 늘어져 가는 자신을
발견했을 때 참 슬퍼지기도 하지

그래서 때로는 혼자라는 시간이
절실하게 필요해지기도 하고
꼭 필요한 시간이기도 할 때
참 편안하고 행복하다

지금, 이 순간처럼···

당신이라는 풍경

여린 풀잎 같은 그대
소솔하게 바람이 일고
찰랑거리는 물결이 있습니다.

기쁨으로 피우는 꽃 한 송이
희망으로 심은 나무 한 그루
쓰고 단 거름으로 자랍니다.

시간이 들판을 거슬러
갈색 빛으로 떨어지는 꽃
씨앗을 남기려 애쓰는 나뭇잎

삶은 언제나 모든 풍경 속에
각자의 몫에 최선을 다하며
서로의 풍경이 되어갑니다.

채송화

어느 작은 마을 어진 이의 집 앞
굽은 길모퉁이서 부르는
나직한 너의 노래는 눈물이 난다.

빗방울 통통 튀듯 경쾌한 목청
하늘 아래 구김 없이 해맑은 표정
바람 불면 더욱 낮은 휘파람 소리

가다가다 풀썩 주저앉아
이름도 없이 한세월 보내다가
또다시 끈질기게 일어서고

그렇듯이 까맣게 익은 너의 동공은
다시 어느 소박한 화단을 그리며
모진 땅에 뿌리내릴 소망으로 설렌다

깊이 잠들지도 못하는 요람을 찾아
마을과 마을을 헤매는 옹골찬 너
어쩌면 우리 사람의 삶을 닮았구나

마음 밭에 심은 것은

향기 한 줌 배인 유혹
삶이 주리고 여린 날에
그 중력은 가히 알 수 없고

허공에 뭉쳐지는 분노
상(象)도 없는 굴레는 가히
무덤 속 같이 깊어지며

한껏 끌어안는 무지개
눈뜨면 사라지나
이미 곰팡이 핀 꽃이다

그래도 차마 버리지 못한
먼지 알갱이만 한 씨앗 한 톨
보리(菩提)가 자라고 있구나!

초가을 갑사 가는 길

그곳은 이른 여름날
촉촉하게 내리는 비를 맞으며
우산도 없이 사부작사부작 걸어야 하는데

초록도 지쳐 누릿거리는 거목의
늦은 숨결 같은 이파리가
파랑 산소를 내 뱉는

지금 그 길을 걷노라니
소싯적에 가슴에는 사연 안고
갑사 부처님만 찾아 오가며

허송세월만 보낸 그 부질없음이
오늘의 이 발걸음에 느긋함을
실크로드처럼 펼쳐 놓아

모든 것은 때가 있고
그 시절 인연과 시공의 모든
묘법(妙法)이 연화를 피워 놓았다.

염화미소

번뇌로 시끌시끌한 잡초 숲에
아주 조그마한 보리의 씨앗이
한 알 톡 떨어졌습니다.

아니, 사람의 이름으로
사바세계에 태어나던 때부터
울쑥불쑥 올라오는 독초 속에

뿌리조차 뻗지도 못하고
겨우 목숨만 붙어 있으나
보리의 싹은 때때로 꿈틀거립니다.

오탁악세 그 파도가 거칠수록
보리는 한 뼘씩 자라나며
독초를 무자비하게 밟아가니

깊은 진흙 뻘밭에서 하얀
연꽃이 붉게 빛을 발할 때
마음의 집에 푸른 미소가 피어나리라.

복(福)을 누리려면

벌어서 쌓아두고 필요할 때마다
조금씩 조금씩 처방해서
자신을 치유하고 다른 이도 살려
모두가 함께 따듯하게 살아야 합니다.

복(福)을 버는 방법은 맨손으로도
부드럽게 웃음 띤 얼굴로
슬프고 아프고 고난에 처한 이를
포근하게 안아주는 아량으로

설사 나에게 돌을 던지는 이라도
팔을 벌려 품을 넓히고 그의
못남을 헤아려 줄 때
그도 어깨의 깃털이 부드러워지며

가장 큰 고행과 수행의 방법은
탐진치(貪瞋痴)의 나(我) 자신을 내려놓고
칼날처럼 날카로운 아상(我相)을 녹이고
그저 감사하는 일상을 살아야겠습니다.

9월의 마음

어둡고 습했던 기분 맑은 바람
밝은 햇살에 구김 없이 널어 말려서
따듯한 햇볕 냄새가 스미게 하자

긴긴 여름의 그늘 환하게 밝히고
향기로운 사과 단맛에 담가
어디든 폴폴 날아가서 웃어보자

삶의 뜨락을 거닐 날이
천년만년이 될 듯하여도
잠깐 졸다가 깨는 봄날의 꿈이거늘

하얀 사과 꽃이 고목 같은 나뭇가지에서
조심스럽게 꽃을 피우고
천둥번개를 견뎌 붉게 익어가는 그
엄청난 비밀이 내 안에도 있음을 알고

그리운 사람 맘껏 그려보고
미운 이 있거든 유쾌하게 놓아주고
그저 감사한 가슴으로 아름다운 사람이 되자.

가을의 속삭임

양말을 신지 않은 신발 속
나직하고 하얀 운동화 속에서
발가락이 꼼지락거리며
어디론가 그냥 달려가자고

아직 태양의 열기가 식지 않은
초가을의 과수원에서는
발갛게 익어가는 사과가 부끄러워
잎새 뒤에 얼굴을 숨기고

저만치 옥수수 밭 서걱거리는
긴 이파리가 누릿누릿 해가며
그 옆 낮은 언덕에서 굵직하게 영그는
알밤 한 알이 툭 떨어지고

어느 광활한 들판에서는 뿌리째
몸을 흔들며 까르르 자지러지는
코스모스 꽃들이 함께 가자며
자기들의 우주로 향하고 있는데

나는
너는
이 속삭임 따라 우리는
지금 어디로 가고 있는가?

1967년 경북 영주 출생
제14회 미당 서정주 시회문학상 수상
제17회 한비 작가상 수상
제13회 대한민국 문학예술대상 수상
한국현대대표 서정시 100선에 선정(2023년)

[저서]
시집 「맑은 주사 하얀 무」

수상소감

나를 달래기 위해 시를 쓰게 되고, 시를 쓰면서 큰 위로를 얻었다
누군가는 돈도 안 되고 밥도 안 되는 시를 왜 쓰냐고~
돈도 안 되고 밥도 안 되는 시를 왜 쓰고 있는 것일까?
가끔은 이런 질문을 내 스스로에게 던져 볼 때가 있다.
이제야 알겠다. 내가 왜 시를 쓰는지
시가 돈은 안 되지만 시는 나의 밥이다.
마음이 고프고, 영혼이 외로울 때 먹을 수 있는 밥,
시를 쓰는 시간은 내 영혼에 밥을 주는 시간이고,
밥을 주면서 나는 나를 찾아가고 나를 알아간다.
어느 시인은 시란 사물이 하고 싶어 하는 말을
시인이 대신해 주는 것이라지만
나는 사물의 입을 빌려 내가 하고 싶은 말을 한다.
사물들의 입을 빌려 내 속의 말을 충분히 하고 나면
언젠가는 사물의 말을 대신하여 독자에게 힘이 되고,
위로가 되는 좋은 시도 쓸 수 있지 않을까 생각해 본다.
이번 "김소월 시맥 문학상 수상"을 계기로
그런 시를 쓸 수 있는 날이 오기를 감히 꿈꾸어 본다.

사랑을 향해 갈 때는

사랑을 향해 갈 때는
작은 걸음으로 가기
오솔길로 가기
설레면서 가기
산들바람으로 가기

세상 모든 것 바쁘게 가도
돌고 돌아 그리워하며 가기
돌고 돌아 아련한 마음으로 가기

왜냐하면
사랑을 향해 가는 길은
사랑보다 더 아름다우니까

빗물 웅덩이

가을비 내리는
거리를 걸어갑니다

잠시 날이 갠 틈을 타
빗물 웅덩이는
파란 하늘을 들여다 놓고

그 위에
뭉게구름을 띄우고
노란 빨강 단풍잎을 띄우고
잠자리도 몇 마리 날게 합니다

내가 내려다보자
머리채를 잡고 빙빙 돌리더니
가던 길을 그냥 가라 합니다

아마도 빗물 웅덩이는
제집에 이방인은
들이고 싶지 않았나 봅니다

물봉선화*

양지바른 곳은
다른 꽃들에게
모두 내어 주었지요

내가 가진 것이라곤
동그란 통꽃 속의
여물지 않은 씨앗 몇 개뿐

내가 가진 것이라곤
아무도 거들떠보지 않는
그늘진 습지뿐

그러니
제발 나를 건드리지 마세요

흔들지 않아도
절로 사위어갈 꽃이랍니다

---

*물봉선화 꽃말: 나를 건드리지 말아요

한기

입동이 지나자
사람 사이를 한기가 어슬렁인다

새벽에는 이불 속을 파고들어
수시로 잠을 깨우더니

낮에는 창문 틈을 비집고 들어와
어깨 위를 팔을 손등을 오르내리며
제 몸을 비벼댄다

겉옷 하나 어깨 위에 걸치려다
그만두기로 한다
그러자 온몸으로 감겨 오는 한기

저도 몸이 시리나 보다
저도 마음이 시리나 보다

이름 없음의 자유

이름 없는
부족한 존재이기에
마음이 평화롭다

이름 없는
성근 존재이기에
타인의 질투가 없다

이름 없는
그늘의 삶이라
자연과 오래 벗할 수 있다

이름 없음은
내게 있어
가장 이름있음이며

이름 없음으로
고요의 자유를
가질 수 있어서 좋다

빈 밥그릇

나는 너의 지난 수많은 날 가운데
가장 배고프고 아픈 어느 하루의
빈 밥그릇 속에 있었다

물리적 밥그릇은 고봉이었지만
어제 전의 수많은 날은
아직 태양이 뜨기 전의 암울이었다

네가 어둠에 있을 때면
나는 내 밥그릇의 밥을 퍼서
후일의 어느 날로 옮겨 놓아야 했다

그렇게 나의 몸은 여위어 갔고
나의 정신은 배고픔보다
더 시리고 아픈 외로움으로
의식의 마지막 한 지점까지 내려가곤 했다

그러면서 너의 빈 밥그릇은
홀연 나를 말아 먹으며
완벽한 승리를 거두어 갔고

나는 주검처럼 누워 있는
가로수 길을 홀로 걸으며

너의 빈 밥그릇이 흘리는 눈물을
닦아주지 못하는 나의 처지가
못내 원망스러웠다

희망의 사포질

수축되는 날들과 함께
끌려다녔던 발걸음

창문 안에는
깊은 키의 아픈 상처

창문 안은
언제나 내 것이었고
언젠가 내 것이 아닐 것이라는 희망

창문 밖에는
언제나 꽃바람 불고

창문 밖은
언제나 내 것이 아니었고
언젠가 내 것이 될 것이라는 희망

이런 생의 거친 질감 위에
오늘도 희망의 사포질은 계속된다

이젠 꽃이 필거야

오랜 시간 아프고
흔들렸으니
이젠 꽃이 필 거야

꽃피면 상흔에 꽃그늘
곱게 드리워지고
내 마음은 궁극의 평화

어떤 꽃이 피건
그건 내 삶의
결정체로 아름다울거야

가끔은 봉합의 상처 서러워도
그건 내 삶을 사랑한 흔적
그냥 그뿐

이젠 더 이상의 아픔은 없을 거야
이젠 더 이상의 슬픔은 없을 거야

오랜 시간 아프고
흔들렸으니
이젠 꽃이 필 거야

예초 작업

아파트 화단에 풀 깎는 작업으로
예쁜 풀꽃들이 죄 없이 잘려나간다

바람에 실려 오는
풀들의 시퍼런 피비린내, 아우성

볼 붉히던 봉선화도
눈길을 끌지 못하고 잘려 나간다

풀들의 고통 소리와 함께
맑은 하얀 끈적끈적한
지혈을 위한 사투가 벌어진다

한나절이 지나서도
앓는 소리 코끝에 애처롭고
소멸의 운명을 가고 있는 풀들

화단 한 켠에 산더미처럼 쌓인
신음하는 풀들을 보며
뿌리는 서럽고 신열이 난다

좌판 할머니

아파트길모퉁이 머리 하얀 할머니
삭아 꼬부라진 허리를 하고
당신 삶 같은 좌판을 연다

호박, 고구마, 가지, 고추…
지친 생활 어설프게 펼쳐놓고
바구니마다 힘겨운 날들을 담아
스러져가는 삶의 무게를 지탱해 간다

어스름해는 져서 어두워 가는데
돌 틈의 풀벌레 소리는 은연도 하고

하루해가 다 가도록 팔아도
꼬부라진 허리는 펴지지 않고
불 켜지는 빌딩의 위용은 높아만 간다

마지막 잎새

아득하고 아득한
어느 먼 곳에서의 출발

어디서 와 여기까지 와
이제 이슬 맑아지는 계절에

허공을 가로질러
저 홀로 떨어져 가는

아득하고 아득한
어느 먼 곳으로의 떠남

뼛속까지 고독한
까마득한 너의 실체

정함 없는 외로운 길
영원으로 떠나가고 있구나

동거

작은 안방에는
누에도 살고
나도 살고

작은 안방에서
누에는 뽕잎을 먹고
나는 여윈 밥을 먹고

작은 안방에서
누에도 자고
나도 자고

눈 뜨는 아침이면
등에 붙어 이승을 떠난
누에의 시퍼런 죽음이 몇 개

유년의 슬프고
아름다운 동거

한 번쯤

꽃이 참 좋더라
꽃이면 좋겠네

어떤 꽃이 좋을까?

야생화가 싫은 것은 아니지만
한 번쯤은
분의 꽃으로 피어보고 싶어

좋은 눈빛으로 바라보아주는
내가 중심이 되는 꽃

도도한 가시도 한 번쯤
몸에 달아 보는 것이 어떨까?

음식솜씨

손은 수다스러운데
손맛은 들쭉날쭉

어설픈 음식솜씨
설깃설깃 시침질 같은 맛

재료에 미안한
울퉁불퉁 음식솜씨

그래도 맛있게 먹어주는
고마운 가족

맥문동

박토에서 꽃피운 나를

음지에서 꽃피운 나를

그녀가 오더니

"이 꽃은 아니야 뽑아 버리자"

나는 차마 그녀에게

당신을 위해

이 꽃을 피웠다고 말할 수 없었다

깊은 밤에

걱정도 없는데
설렐 일은 더욱 없는데
깊은 밤에 잠에서 깼다

이번엔 또 누가
나를 깨운 것일까?

차가운 밤하늘에
은별들의 도란도란 속삭임

별들의 수다에
내가 너무 예민했나 보다

눈 내리는 겨울밤

함박눈 하얗게
눈 내리는 겨울밤

뭔지 모를 설레임
뭔지 모를 그리움
뭔지 모를 포근함

내 마음 눈길을 걸으며
수묵화로 젖어 드는 밤

꽃을 가꾸며

너무 적막해서
꽃밭에 흙을 파고 꽃들을 싶습니다
넓은 세상 내 편은 아무도 없어
꽃들에 거름을 주고 물을 줍니다

겨울바람 같은 공허한 외로움
혼자서는 어쩔 수 없어
꽃들을 가꾸며 꽃들과
마음 마주하고 이야기 나누어 봅니다

세상에 하는 이야기 보다
꽃들에 하는 이야기가 더 좋은 것은
세상의 귀보다
꽃들의 귀가 더 커서인가 봅니다

세상의 위로보다
꽃들의 위로가 더 좋은 것은
세상의 마음보다
꽃들의 마음이 더 넓어서인가 봅니다

봉숭아 씨방

봉숭아 씨방 속에는 동굴이 살아 있다
동굴 속에서는 조상들의 대를 잇는
이야기가 성큼성큼 걸어 나온다

늦여름의 고달픈 삶의 소리가 들리고
할머니의 살아온 이야기가 들리고
어머니의 살아가는 이야기가 들린다

가만히 동굴 속을 따라 들어가
씨방 속을 거슬러 계곡을 밟아 오르면
정겨운 이야기가 가득 찬 유년이 있다

골목을 뛰어놀던 친구들의 웃음소리가 들리고
땅거미 지는 저녁이면 저녁 먹으라 부르시던
어머니의 따듯한 목소리가 동굴 속에 울려 퍼진다

영하의 삶 속에서도 짬을 내어
열 손가락 꽃물을 들여 주시던
한여름 저녁의 다정한 어머니가 있고

동굴 속 어머니와 나누던 수많은 이야기는
봉숭아꽃 씨방 터지듯 튀어 올라
하늘의 별이 되어 내 가슴에 내려앉곤 한다

윤회의 어디쯤

아름다움이 절정에 있다는 것은
이제 곧 저물어간다는 것

저물어간다는 것은
유무의 어디쯤
또 다른 봄을 기약한다는 것

빛나는 태양 뒤에
다가오는 밤의 어둠이 있고

시들어 가는 꽃잎 속에
까만 씨앗의 꿈이 영글고 있으니

피고 진다는 것은
지고 핀다는 것은
그저 윤회의 어디쯤인 것이다

네 앞에서는

네 앞에서는 말을 아끼게 돼
말실수하게 될까 봐
네 앞에서는 웃음을 아끼게 돼
헤픈 사람으로 여겨질까 봐

아껴둔 말이 너무 많아
아껴둔 웃음이 너무 많아
너와 나 사이 벽은 높아지고

내 그리움은 네게 닿지 못하고
동글동글 원만 그리게 될 거야
네 그리움은 내게 닿지 못하고
동글동글 원만 그리게 될 거야

그러면 우리는 오간 데 없고
너는 너 나는 나
서로의 관성만을 가지게 되겠지

그래도 네 속에는
내가 조금은 남을 거야
그래도 내 속에는
네가 아주 많이 남을 거야

난치병

절망스럽고
고통스럽고
뼛속까지 외롭고

급기야
세상을 버리고 싶은
그래도 버릴 수 없는

아마도
널 사랑해야 하나 보다

아마도
너와 하나가 되어야 하나 보다

길에서

시간은 내게 가르쳐 주었지
생활의 파편이 너무 고통스러워
다시는 들꽃으로 피어나고 싶지 않을 때
눈물로 상처 치료하는 법을

아픔은 내게 가르쳐 주었지
걸어 온 길이 너무 고단해서
삶의 의미를 놓아버리고 싶을 때
상처가 아물면 곧 꽃이 핀다는 것을

나는 알고 있지
하루하루가 피로 붉게 물들어도
이어지는 생의 저편을 위해
끝없이 물레를 돌려야 함을

넘어져도 꺾어져도
점 하나의 생명이어도
설사 비껴가는 인생이라 할지라도
정성을 다해야 하는 생임을

나는 알고 있지
들꽃으로 태어난 생일지라도
이 모든 흔들림이 지나간 후에는
단단한 열매 나를 아름답게 한다는 것을

기생하고 싶어

누군가의 봄 같은 꿈이나 훔쳐보며
먼발치로 드러눕고 싶은 날
세월은 한 치의 오차 없이 흘러가는데
내 몸의 기는 나를 두고
어디로 그리 바삐 가고 있는지

나는 그저 모든 것 접어 두고
눈꺼풀을 내리고
입도 닫고 귀도 닫고
혈관의 피도 쉬게 하면서
숨구멍까지 닫고
그냥 얼음이고 싶은 날

누군가의 열정으로 핀 꽃들아
누군가의 사랑으로 핀 꽃들아
꿈 같은 모습으로 한 백년쯤 머물러라

그러면 나 그 꿈속에 고치처럼 몸을 말고
허기지고 지친 싸움 그만두고
네게 기생하며 단꿈으로 흘러가고 싶어
그냥 뜻 없이 생각 없이
네게 영원으로 기생하고 싶어

펜듈럼

남들이 결혼하니까 나도 결혼했다
남들이 아이를 낳으니까 나도 아이를 낳았다
남들이 전쟁하니까 나도 전쟁하며 살았다

그것이 삶의 이유인 줄 알았다
그것이 삶의 목표인 줄 알았다

무에 대한 두려움
소외의 두려움
존재의 두려움

삶이란 끝없이 비교하고
혼자됨을 두려워하며
무리 속의 고독으로 사는 것

죽으면 다시 태어나지 말자
혹 태어나면 결혼하지 말자
혹 결혼하면 아이를 낳지 말자
혹 아이를 낳으면 비교하지 말자

세상 *펜듈럼*에 휘둘리지 말고
영혼이 원하는 길 걸으며
생각을 따라가는 마음이 아닌
내 속의 순수를 따르며 살아가자

---

* 개개인의 사념 에너지는 합쳐져서 하나의 큰 흐름을 이루는데, 이 큰 에너지의 한 가운데에서 정보에 기반을 두고 만들어진 하나의 독자적 에너지체 의미한다. 러시아 양자물리학자 바딤 젤란드 지음, 박인수 옮김 「리얼리티 트랜서핑」에서 인용.

폐결핵

쇠해가는 몸뚱어리 위로
차곡차곡 쌓여가는
세상의 중력

그 후 1년
가슴속에는 전쟁으로 인한
하얀 탄흔들이
꽃잎처럼 떨어져 내렸고

무지하게도
전쟁이 일어난 사실을
전쟁이 끝난 다음에야 알았다

이런 마음

돌보는 이 없어
제대로 꽃 피우지 못하는
꽃밭의 꽃들을 보면 마음이 아프다

남의 뒷모습만 보며
걷는다는 것
한 번도 앞장서서
무리를 이끈 적이 없다는 것

언제나 남들보다
부족한 것이 많다는 것
내세울 것 하나 없이
위축된 마음으로 생활한다는 것

나는 꽃들의 이런 마음을 안다

그래서 꽃대가 가늘고 키 작은
누렇게 떠서 혈색마저 좋지 않은
꽃밭의 꽃들을 보면 마음이 아프다

누구도 아닌

그립다
너도 아니고 그도 아니고
누구도 아닌

나는 내 안의 내가 그립다

하여
내가 나를 데리고 나를 만난다

내가 나를 만나
이야기를 나누고 헤어지고
다시 고독한 시간이 오면

너도 아니고 그도 아니고
누구도 아닌

침잠한 내 안의 나를 찾아
밤을 지새운다

아름다운 세상

만약에 상처가 쉴 수 있는
밤의 그늘이 없었다면
꽃들이 이토록
환한 미소를 지을 수 있을까

밤하늘의 별들이 낮 동안
암막의 커튼 아래서
곤한 잠을 자지 않았다면
이토록 아름다운 별꽃을
내 심장에 심을 수 있었을까

밤의 그늘은
상처 입은 모든 영혼에
다시 일어설 수 있는 힘을 준다

이미 꽃 되어 있는
상처들이 추억 속을 흐르며
옛날을 그리워할 때

누군가의 상처는
지금도 밤 그늘 아래서
또 다른 꽃을 꿈꾼다

그렇게 상처들이
꽃이 되고 꽃이 되어
세상이 꽃으로 가득하다면
상처 입은 세상인들
아름답지 않을 이유가 어디 있을까

토요일 아침의 산책길

바람이 살갗을
스쳐 지나며
뻐꾹새 노래 실어 오고
노오란 씀바귀꽃
살랑살랑 몸을 흔들며
수줍은 춤을 추는 아침

맨발로 생기 가득한
오솔길을 걸으며
건강을 염려할 때
발바닥을 콕콕 찌르며
"내가 건강하게 해 줄게" 하고
선한 말을 건네는
작은 돌멩이의 정겨움

채 익기도 전에
나뭇가지에서 떨어져
온몸을 다람쥐에게 보시하고
하얀 **뼈**만 남긴 채
순하게 뒹굴고 있는
잣송이의 아낌없는 사랑

순백의 꽃을 피운
초록의 찔레 넝쿨 아래서
앙증맞은
빨간 웃음을 웃는
사춘기 첫사랑 같은
뱀딸기의 어여쁨

자기 몸보다
큰 벌레를 입에 물고
세상에 큰일 한번
해 보겠다는 듯
열심으로 길을 가는
부지런한 일개미들

오솔길의 작은 생명들과
눈을 맞추며
느린 걸음으로 길을 가면
보이지 않던 소중함이 보이고
큰 치유로 다가오는
어여쁜 친구들이 있어 좋은
토요일 아침의 산책길

조
혁
해

법학석사, 『한비문학』수필 부문 신인상(2008년), 『공무원문학』시 부문 신인상(2018년), 한국문인협회 회원, 한국문인협회 안동지부 회장(2022~2023년), 한국문인협회 경북지회 이사(2022~2023년), 국제펜한국본부 경북위원회 부회장, 한국예술문화단체총연합회 안동지회 부회장(2022~2023년),

[수상]
제8회 공무원문예대전 저술부문 장려상(2005년), 『한비문학』 작품상(2011년), 제7회 『경북문학』 작품상(2021년), 『현대시선』 시집 작품상(2023년), 제1회 『아차산 문학상』 입선(2021년), 한국예술인총연합회 안동지회 공로상(2024년), 녹조근정훈장(2020년), 제6회 『경북문인』 시낭송올림피아드 우수상(2021년), 제9회 글로벌영상문학대상(2022년),

[저서]
역학서적 『주역과 철학』,
수필집 『법고창신』,
시집 『목련, 봄을 그리다』,

e-mail : jojojo1919@hanmail.net

수상 소감

2008년 『한비문학』수필 부문 신인상으로 등단하여 작가로서 생활한지 언 16년이 지났습니다. 2018년에는 『공무원문학』시 부문으로 신인상을 받았으며, 이후 시와 수필은 나의 일상이었으며, 친구였습니다. 틈이 날 때마다 습작을 하였고, 정말 오랜 기간이었습니다. 그간 한국문인협회 회원으로, 한국문인협회경북지회 이사로, 한국문인협회안동지부 회장으로, 활동하였으며, 2011년에는 "『한비문학』 수필부문 작품상"을 수상하였고, 2021년에는 "제7회 『경북문학』 수필부문 작품상"을 수상하였습니다. 또한 "제6회 『경북문인』 시낭송올림피아드 우수상"도 받았습니다. 이러한 상들은 문학에 대한 열정으로 이어졌습니다. 이러한 열정은 2022년에도 이어져 『현대시선』에서 주관하는 "제9회 글로벌영상문학대상"을 수상하는 영광도 안았으며, 수필집 『법고창신』, 시집 『목련, 봄을 그리다』을 출간하게 되었습니다. 좋은 시를 쓰려고 하는 의지는 큰 보답으로 돌아와 김소월 시맥 수상자로 선정되어 정말 기쁩니다. 언제 생각해보아도 불가능 해 보이는 꿈들은 이루어졌고, 제 삶에서 가장 설레는 순간입니다. 저는 김소월 선생님의 시 '진달래'와 '산유화'를 특히 좋아했습니다. 시 '진달래'는 "나 보기가 역겨워/가실 때에는/말없이 고이 보내 드리우리다//영변에 약산/진달래꽃/아름 따다 가실 길에 뿌리우리다//가시는 걸음 걸음/놓인 그 꽃을/사뿐히 즈려밟고 가시옵소서//나보기가 역겨워/가실 때에는/죽어도 아니 눈물 흘리우리다//" 이 시는 이별의 아픔과 그리움을 느끼게 하고, 깊어가는 고요한 가을의 정서를 느끼게 하였기에 정말 좋아 했습니다. 또한 김소월 선생님의 시 '산유화'는 "산에는 꽃 피네/꽃이 피네/갈 봄 여름 없이/꽃이 피네//산에/산에/피는 꽃은/저만치 혼자서 피어있네//산에서 우는 작은 새여/꽃이 좋아/산에서/사노라네//산에는 꽃이 지네/꽃이 지네/갈 봄 여름 없이/꽃이 지네// 이 시는 자연 속의 꽃을 통해 인생의 순환과 고독을 섬세하게 표현한 간결한 작품이라고 생각합니다. 한국적인 시, 철학적인 시라서 그런지 정말 좋아했습니다. 우리가 살아가면서 불가능이라는 단어의 벽에 가로막혀 포기할 뻔 했었던 수많은 꿈들, 그 꿈을 향해 꾸준히 노력하면 언젠가는 이루어진다는 격언이 생각납니다. 앞으로, 더 큰 꿈을 향해 한걸음씩 앞으로 발을 내딛어 보려 합니다. 비록 선생님처럼 좋은 시는 쓰지 못할지라도, 오늘의 이 소중한 인연을 진정 소중히 가꾸어 가겠습니다.

청보리 물결

봄비 내리는 날이 좋아라
봄비 내리는 날이 좋아라
부르튼 살갗 위로 햇살은 머물고

푸른 빛 한 동이를 넘치도록 담아서
움츠렸던 마음조차 푸르게 물들이는
청보리 물결

구름 빛 색깔조차 좋았던 꿈같은 봄날
피어라 푸른 보리밭에
서성이는 사람아

산새들조차 눈치 채지 못하게 자란
나지막한 능선을 따라 모호한 경계의
청보리 물결

푸른 물결 따라 접동새 넘나들고
싱그러운 에너지 된 메타세쿼이아 숲
사이 길로 찾아든 바람, 소리는 곱고도 맑아라

그리운 어머니

버들피리 불던 내 고향 길
그 길을 걸으면 눈물이 난다
우리 엄매 손길이 자꾸만 생각이 난다

꽃샘바람 불어오는 새봄이 오면
내 곁에 살며시 다가와
사랑해 우리 아들

무더운 여름날 옷깃만 풀어도
감기 들라 조심해라
그 한마디 남기고 떠난 우리 엄매

가을 뒷동산에 보름달이 뜨면
우리 엄매 잊지 못해
사무친 눈물이 나고

언 손 비비며 다정하게 안아주던
그리운 우리 엄매 생각에
가슴 아프다

버들피리 불던 내 고향 길
그 길을 걸으면 눈물이 난다
우리 엄매 손길이 자꾸만 생각이 난다

백합꽃 향기

곱게 간직한 그 숨결을
교교한 달빛 주머니 속에 담아 두고
소담스럽게 몸을 사려
담장 모퉁이에서 핀 붉은 미소

옷깃 스치는 푸른 가지마다
하얀 나비 날아들어
백옥 같은 순살 속으로
스며드는 사랑이여!

넋 놓고 바라보다 깊은 산골 땅거미로
외톨이처럼 떠돌다가
헤어짐이 아쉬워 다소곳이 다가와
사랑의 꽃 싹 틔운
그 향기에 젖어들고

연분홍 파마머리 속에서
함초롬히 핀 고운 자태에는
그리움만 남아있어
설레는 마음으로 남겨진 꽃잎들을
저 강으로 띄우리라

충혼탑 앞에서

산허리를 감아 도는 저녁노을 바라보며
억겁의 세월동안 말없는 손길 따라
섬세하게 다듬어진
이름 세자

눈보라 비바람 속에서도 목숨과 마주 서는
촛불을 밝혀놓고
생소한 터전에서 마디마디 굳은살로
낮게 엎드린다

새겨진 화강암에 무거운 어깨 휘청거리는 몸을 세워
발아래 매달린 바람을 헤집고
다소곳이 일어서서
두 손 모은다

따가운 햇살이 푸른 산언덕의 제단을 넘어
한줌의 바람 같은 진혼곡으로 남아
전우의 넋을 기리는
충혼의 조약돌로 살포시 다가온다

가로등

어스름 달빛 아래 노을이 지면
LED 가로등 불빛 하나가
훤하게 뚫려 있는 길을 밝혀주고

늙은 감나무에 달린 홍시 하나가
첨벙첨벙 소리를 내면서
지상으로 떨어져 홍등을 만든다

해바라기 같은 만월은
설익은 구름에 가려
지울 수 없는 마음의 상처를 남기고

고운님을 마음의 가장자리에 두고
떨어지는 유성 그림자는
적막한 나의 가슴에 꿈을 안겨준다

청송 정원

꽃과 꽃이 모여
능선을 만들고
사람과 사람이 모여
사랑을 주고받는다

해진 가슴으로
스며드는 정다운 그림자
발길 닫는 곳마다
꽃은 핀다

달빛을 벗 삼아
적막한 밤길을 걸을 때
그리움은 몰려왔다
바람처럼 사라지고

이슬 머금은 백일홍은
잎 새 부대끼며
가쁜 숨 몰아쉬고
등 뒤로 몸을 숨긴다

가을 오솔길

불볕더위 물러나면
시끄럽던 매미소리 사라지고
어디서 귀뚤귀뚤
짧고도 긴 노랫소리
절절이 들린다.

어두컴컴한 밤 귀뚜리는
온화한 미소로 울음을 토하고
속살 먹으면서 자라나
시간 속에 묻어 버린
지난 추억들을 품어 앉고 삭이다

집 앞 계단에도
보도블록에도
양털 같은 바람을 맞으며
멈출 수 없는 유목민처럼
하늬바람 다니는 길을 찾아 풀밭을 헤맨다

가랑잎 굽은 등고선 따라 천막을 치고
당신과 나는 곱다시 내보이는
지평선을 보면서
풀잎 끝에 맺혀 있는 이슬을 밟고
아름다운 오솔길을 걷고 싶어라

시계 추

평생을 쉬지 않고
똑딱 똑딱 소리 내며
삶의 원천을
알려주는
시계 추

너를 닮은 나의 삶은
언제나 되풀이하는
시간의 수레바퀴도 잊은 채
날마다 늙어가는
인생이지만

그래도
담 너머 새하얀 벚꽃은
스치는 바람결에
내 마음 속으로 들어와
그대 품에 고이 안긴다

삼지연꽃단지에서

떠오르는 아침 햇살 갇혀진
파대지, 연지, 원당지에서
한 개의 씨앗이 발아되고
심연 깊이 뿌리내려
푸른 연잎 동그랗게 펼쳐진다

진흙 속에서 무거운 세월이고 버티던 삶
줄기 끝 꽃으로 환생하니
보는 이 마음을 더욱 여유롭게 해주고
쉬었다 갈 수 있는 곳
정령 잊지 못하리

기다림에 지쳐 푸른 쟁반 위 허공으로
몽글몽글 피어난 너는
산들바람에 엉덩이를 박고
무늬목에 꽃이 된
흠뻑 젖은 영혼아

혼탁한 세상 밝힐 등불이 되어
온몸으로 영롱함을 들추어내고
참되고 선함을 볼 수 있기에
새로운 희망을 품을 수 있어
그렇게 당신을 기다렸나보다

아차산에 오르며

삼한의 역사가 살아 숨 쉬는 이곳에서
한고비 올라 푸른 한강의 물빛을 본다
유유히 흐르는 물소리
나뭇잎 부딪히는 소리
산책하는 사람들의 발자국 소리
억겁의 세월을 이겨낸 저 강가에는
오천년 민족의 얼이 남아 있으니
가쁜 숨을 몰아쉬고 고개 돌리면
정성을 다해 나르던
민초들의 들숨과 날숨소리가 들린다
뜨겁고도 치열한 삶의 현장에서
남겨진 돌무더기는 소리치듯 피고 나고
지난 세월의 흔적을 고스란히 간직한 이곳에서
산 그림자 등에 기대고
지난날 숨겨두었던 민족의 혼을 본다
제3보루
깊은 잠에서 깨어난 유물들은
시대를 넘어 새로운 꽃망울을 터트리고
고구려, 백제, 신라
지난 삼한 역사의 숨결을
코발트 잉크로 써내려간
반짝이는 화인(火印)
반만년 역사 속에서 빛나고 있는
수많은 뭇 별들은
말없이 반짝이고 있다
흰 눈 소복하게 품어 안고 있는
아차산에는 매화꽃 곱게 피어나

그윽한 향기 팔지 않는
굳은 절개로 남아 있어
매서운 추위에도 자라나
고려와 조선, 그리고 대한민국으로 이어졌으니
오호라! 이곳에는
오천년 역사의 흔적이
오롯이 남아 있구나

인왕산 바위 꽃

하늘아래 첫 동네에 던져진 암석을
검푸른 이기로 뒤덮인 씨앗을
그 누가 심었나?
저 오래된 잠언을 날마다 들으며
바람의 목록을 들여다보고
자신을 발화시킨 미지의 조약돌 하나
의도치 않게 날아온 새 한 마리는
껍질을 깨뜨리기 위한
지독한 몸부림이었던가?
산 중허리에서 밀려오는 황홀한 꽃바람은
단단한 그리움으로 남아 있어
흰옷 입은 구름이 머무는 그곳에서
인왕산 바위 꽃은
그 모진 세월들을 견디는
합장의 공간이었던가!
수 만년 동안 그 많은 부하들을 거느렸건만
아직도 완전한 꽃으로 피지나 않았으니
바위 꽃 정수리를 어루만지기 위해
그님은 오늘도 내일도 기도하고 있다
검푸른 한강에 몸을 씻고
옹이처럼 딱딱하게 굳어만 가는
지난 상흔을 곱씹어 보며
어둠의 태양을 개화시키기 위해
하늘만이 알고 있는 미지의 세계를
바위 꽃으로 움찔움찔 돋아나
모성의 근육을 풀어헤치고
나라의 버팀목으로 남아있구나

중랑천 바라보며

뭉게구름 사이로 보이는 중랑천
길섶에는 원앙새 날아들고
군자교를 지나 송정제방길에는
뜨거운 가슴을 한 사람들이
좁고 넓은 길에서
열기를 시키고 있다
벚꽃으로 묻혀있는 녹색의 숲에는
땀방울도 마르지 않은 채
가쁜 숨 몰아쉬며
만남과 이별은 반복된다
햇살이 정수리에 달구어지면
몽환적 나무들은
'화살꽂이'에서 누군가를 잡으려 하고
빌딩숲 사이로 달리는 승용차는
갈라섰던 반쪽을 기다리며
그렇게 돌아온다
사람의 그림자를 품은 낯선 바람이
'살곶이다리'에서
빗나간 화살을 두려워하며
땅에 꽂혔던 화살의 흔적을 본다
그때의 두려웠던 기억들을
차디찬 바람으로 몰아내고
콘크리트로 증설된 교량에서
아쉬웠던 기억들을 회상한다
바람이 지나가는 능선을 넘고
무지갯빛 갈라진 중랑천에서
교각을 따라 흐르는 물과
별빛 반짝이는 모래를 보면서
생명의 소리를 듣는다

주산지 버들 꽃

햇볕 싣고 달리는 저 폭넓은 그늘
고동치는 물보라 속에서
버들 꽃은 몽글몽글 피어나고

다양한 색체들이 길섶에 털썩 주저앉아
둘레마다 균질한 선을 긋고
기쁨과 슬픔의 흔적을 남긴다

무성히 자란 우거진 나무들은
저녁 햇살에 눈이 부시어
고귀한 기품을 자랑하고

깨뜨릴 수 없는 물방울 속으로
당신과 나는 호수가의 그림자 되어
아름다운 이곳에서 힘차게 노래 부르리

노을 빛 가득한 해거름 산마루에서
새하얀 발레리나는 다소곳이 내려와
메마른 대지에 영롱한 빛이 된다

목련

가랑비 내리던 날
유리창 너머로
하얀 목련을 보았네
입던 옷을 벗어놓고
그리운 임을 맞이하듯
창가로 내민 손
방울방울 맺혀 있는 빗방울이
고운 눈물이 되어 떨어질 때
그대의 아름다운 모습이
하얀 목련 사이로
아련하게 다가오네

나무다리

통나무로 된 외나무다리에 오르면
구겨진 마음은 펴지고
돌고 돌아온 그 자리에는
지난 추억들이 남긴 자국들을
어스름 달빛 아래
강물 되어 흐른다

물굽이를 핥는 징검다리는
물거품 되어
숨어 우는 바람소리를 들으며
하얗게 짓 세우던 밤
별들은 영롱하게 빛나고
물보라는 주변을 감싼다

우르릉 쾅쾅 우르릉 쾅쾅
내리는 비 오는 소리를 들으며
개울가 통나무 집 창가에 앉아서
아득한 세월을 말없이 견딘
외나무다리를
무심히 바라본다

푸른 물줄기 따라 영산홍 꽃잎은
어른어른 비치는데
그 빗줄기 사이로
마음의 실타래는 풀어지고
가로등에 비친 그림자 너머로
새벽은 조금조금 오고 있다

버들강아지

길섶에 이는 바람 따라
이슬을 머금고
황금 빛 보리밭으로 가려나

수줍든 그 마음 들킨 것처럼
손끝만 닿아도
몽글몽글 피어나고

모시적삼을 자랑하듯
볼록해진 젖무덤 속에서
간드러지게 눈을 뜨고

스스로 깨뜨릴 수 없는 허공에서
살금살금 다가와
새봄을 마중하고 있구나

코스모스 정원

햇빛 터지기 전 새벽길마다
서늘한 가을바람은 다가와
가슴에 젖어드는 외로움을 펼치고
내 앞에 선다

그 몸짓 애타게 흔들며
연분홍 한 자락을
하얗게 나풀거리며
합쳐졌다 나눠진다

이슬 맺힌 가녀린 잎 새
반짝이는 햇빛 맞으며
호젓이 서서
맑은 숲길을 배웅한다

연분홍 꽃망울 틔우기 위해
하늘거리는 가을 길가에서
아픔 마음 안고 수줍게 자라나
우주의 정원을 만든다

밤 열차

구겨진 모순을 안고
겨우 잡은 고리 하나
하얀 눈 사이로 찾아온 손님처럼
보이지 않는 공간 속으로
가야만 하는
그 길을
쏜살 같이 달리는
2호선 지하철 열차
사람들은 밀물처럼 밀려왔다
썰물처럼 빠져나가고
혼자 우두커니 서서
검은 담장만 바라본다
어슬렁어슬렁 불어오는 바람이
머리카락 스칠 때면
그냥 그 자리에 주저 앉으려 하지만
2호선 지하철 열차는
긴 한숨을 몰아쉬며
오늘도 달리고 있다

경포대

흐느끼는 뱃고동 소리를 들으며
초승달을 품고 있는 월파정
호수 가운데 우뚝 솟아
어른거리는 둥근 석호를 본다

새 바위에 새겨진 조암에는
우암의 정기 서려 있고
맑은 강이 굽이돌아
율곡을 탄생시켰구나

명주를 누이는 모래밭에는
송강의 흔적 남아 있고
사랑하는 임의 눈동자에는
다섯 개의 달이 걸려 있다

허공을 날고 있는 갈매기는
푸른 물결 위를 공 글리며
뱃전으로 달려와
나그네 시름 덜어 주고

가느다란 한 끄나풀로
동여맨 시간은
아름다운 제일강산(第一江山)되어
무상의 뜰로 남아있구나

목탁소리

철 이른 매미의 울음소리
깊은 산사 적막을 깨고
하늘 휘젓는 느슨한 법문은
평행선을 긋는다

푸른 풀잎 하나 둘씩
제 몸을 씻고
순간을 놓치지 않으려고
허공과 입맞춤한다

살포시 합장한 후
순간의 깨달음
눈을 지그시 감은 채 앉아
맑게 부서지는 독경 소리를 듣는다

궤도를 이탈할 수 없는
팽팽한 줄달음
대웅전 처마 끝에는
바람과 햇빛이 하나로 된다

청령포에서

어스름 달빛 아래 관음 송을 끓어 안고
너와 함께 가야할 길 의논하며 울먹일 제
두견새 구슬프게도 소리 내어 울고 있어

원한에 사모 치는 애달픈 사연 담아
푸른 동강 물길에다 내님에게 보냈건만
인적은 보이지 않고 나룻배만 오고 가네

주왕산 철쭉

구겨진 은빛 햇살 나지막이 꿈틀거려
수줍은 나뭇가지 둥근 살점 올려놓고
꽃망울 하얗게 시려 하늘 빛 되었어라

핑크빛 구름아래 해맑은 얼굴에는
촉촉한 눈망울로 사랑 비 머금고서
연분홍 다홍치마로 눈인사를 건넨다

바람꽃

석양에 노을 지면 눈시울은 붉혀지고
매서운 바람 끝은 산허리를 돌아 나와
응달진 저산자락에 잔설로 남아 있고

한 송이로 맺은 꽃은 주안상에 올랐으니
이 풍진 세상 따라 너도 한잔 나도 한 잔
바람꽃 피고 또 지는 시름 품고 사는 세상

양산 통도사 자장암에서

금맥이 내려와서 다섯 개의 알을 품고
조각난 바위틈에 금와보살(金蛙菩薩) 강림하니
자장암 인법당(因法堂)에는 분별과 망상이라

바람 따라 매달린 목탁소리 처연하고
처마 끝 붉은 태양 살며시 뜨고 있어
수행자 견성성불(見性成佛)은 모닥불 되었어라

모닥불

뒤엉킨 나뭇가지 몽환의 붉은 빛은
희망의 불씨 되어 꿈의 형상 간직하고
이제야 숯덩이 되어 사랑으로 남았으니

한 많은 회환들은 소리 없이 사라지고
지나간 추억들은 꽃이 되어 다가오니
저마다 따스한 곳에 옹기종기 모여 든다

석류

아롱아롱 맺힌 이슬 차갑게도 흩날릴 때
네가 있어 꽃이 됨을 바람은 알 수 없고
칠보에 두 팔을 벌려 은하수로 맞이한다

가지 타고 열린 열매 이승 저승 찾았건만
반짝이는 햇살 받아 침묵에서 깨어나고
검붉게 맺힌 마음을 그 누가 알 수 있나

서리꽃

언덕 위에 나무들은 새하얀 옷을 입고
반짝반짝 햇살 받아 망울망울 맺혀있어
나그네 가던 발길을 멈추게 하였으니

우주의 순환원리 너무도 신기하고
그 모습을 간직하려 사진으로 남겼어라
백설 꽃 그림자 되어 오래도록 남으리

수선화

노란 꽃잎 무리지어 흔들리는 금잔옥대(金盞玉臺)
물속에 비쳐진 그림자는 언제나 변함없어
그리스 신화 속 인물 생각나는 밤이어라

다소곳이 고운 자태 물에 비친 너의 모습
깊고 깊은 물밑에서 설중화(雪中花)로 되었고요
반사된 나르키수스(Narcissus) 함초롬히 피었다

오동도 동백

지는 노을 움켜잡고 해조음 울어대니
속 태워 삭힌 몸이 알알이 맺혔다가
그리움 하나 남기고 슬피 우는 동박새여

그 모습에 반하여 잡으려 하였건만
혈 혼으로 피어나는 그대마음 알 수 없어
뜨거운 숨 몰아쉬며 바람결에 일렁인다

모진삭풍 이겨내고 눈 녹은 양지 밭에
알몸으로 빗장 풀어 한 겹 한 겹 자라나서
검붉은 꽃으로 남아 활짝 웃는 그대 모습

제6회 『월간시인』 신인상 등단
서울시인협회 회원

수상 소감

내가
수놓은 詩文이

그대와 같은 향기를 갖기 위해
손은 매일 詩를 했습니다
詩를 하는 것도 사람의 일이라
사랑을 하는 것처럼 詩를 했습니다.

詩를 보이는 것은 부끄러운 일이고
차마 심장을 버선 짝처럼 뒤집는 것 같습니다

詩와 같이 날아가기 위해
두 어깨에 날개를 심었습니다
혹시 먼 곳으로도 날아갈 수도 있겠다는
생각에 수년 동안 매일 빗질만 하며 다듬었습니다

하지만 지금은
날개를 쭉 펴고 날아갈 일이 없었으면 좋겠습니다
이제는 나의 詩 향기가 당신의 가까이에 있었으면 좋겠습니다

아직은 솜털만 빗고 있는 여린 시인에게 주는 기대는 마음을 두렵게 합니다
애써 태연한 마음으로 덥석 받는 것이 어떠한 과제일까 생각합니다
그래서 내가 시를 읽고, 내가 시를 쓰는 이유가 있음을 생각할 때

시를 쓰는 시인이 되는 노력을 다해야 할 것입니다.
시를 쓰지 않는 시인은 前 시인이라 한다는 것을 부끄럽게 생각하겠습니다

'김소월 詩脈 문학상' 수상의 영광을 주신 모든 분들께 진심으로 감사드립니다

                        2024년 晩秋
                        好哭場에서 유영수 드림

시를 하고
시를 사랑한다

시가 살아있는 생물인 줄은 알고 있다
하지만 속을 긁어내고
애를 끊는 생물인 줄은 미처 몰랐다

시를
어서 놓아주어야 내 스스로 면피 하는 것 같다
그만 놓아 드리자

감히, 이 생물을 여러분들께 보내 드린다.

序詩

운명처럼 다가온 너를
너의 운명처럼 보내고
이것이 나의 운명인 양 살았다

지니고 살아온 나의 운명은
운명의 강처럼 도도하게
흐르는 운명의 물줄기였고
그렇게 흐르던 운명 앞에
너는 다시 내 운명 앞에 서고
나는 너의 운명 앞에 顯現한다

다시금 마주친 서로의 운명은
이제 알 수 없는 운명의 길을
또다시 운명처럼 선택할 것이고
서로 다른 운명을 같이 바라볼 것이다

다시는 운명 앞에 울지 않을
운명을 받아들여 후회 없는
서로의 운명이 서로 함께해야 할
운명의 길이었음을
운명처럼 받아들일 것이다

만약 이것이 우리의 운명이라면
지난날의 운명은 아마도
운명을 가장한 거짓일 것이다

아마도 너의 운명은 나였고
어쩌면 나의 운명은 너였는지도…

구름이 없다(雲無)

가을 하늘
한지 걸어 솜방망이 두드리니

이내 구름이 박혀버려
구름 한 점 없는 맑은 하늘이 되었다

번뇌를 없애려 내려준 인연
智慧心 당신이었군요

壁

어릴 적 방은 막혀 있다
문 하나 없어 숨이 막힌다
꽉 막힌 벽에 돌파구는 없다

큰 창을 그리고
파란 하늘과 흰 구름을 그리고
아주 커다란 문을 그린다

두꺼운 책으로
머리를 꾹 눌러 눈금을 긋고
몇 금 늘어난 벽을 쳐다보면
알 수 없는 고동을 느낀다

아주 작은 꿈부터 커다란 꿈까지
많은 꿈이 눈금 수만큼 그려지면
벽은 어릴 적 나의 꿈 판이 되고
나의 성장판이 벽에 그려진다

이제 벽에 기대면
세상에서 누구보다 편안한
벗이 된다

벽은 세상을 여는 돌파구였다
아주 어릴 적에

山寺

629번 지방도 깊은 골에 눈이 내린다
도심의 많은 인파 속에서도 마음은 시리다

애써 번화함을 잊으려고 간다

이내
산사의 찻집에서 풍겨 나오는 茶 향기가
잠시 가던 길 멈추게 하고 마음을 이끈다

山寺 적막 속에서도 마음을 두드리는 염불 소리는 따뜻하다
법당 처마 밑 풍경 소리도 오늘은
의미를 두지 말자

대웅보전 싸리나무 기둥은 언감생심(焉敢生心) 품지 못 하나
노승의 가르침은 업고
다시 世俗으로 간다

風磬

山寺
처마 밑
밤새 바람 소리 전한다

땡그랑 땡그랑

이른 아침부터
지난밤 처마 아래 떨어진
소리 물고 떠나는 산새들 분주하고

그대 소리 찾으려 기웃기웃 하니
다람쥐 입 가득 제 것 인양 소리 물고 줄행랑친다

아쉬운 발걸음 돌리려 하니
처마에 매달려 붉은 햇살 가득 먹은 이슬방울
지나는 바람결에 톡하고

손등에 떨어진다

톡

흰 지팡이*

담쟁이 넝쿨처럼
길 찾는 흰 지팡이

가을바람에 몸을 맡기듯
발 없는 더듬이를 더듬거리며
노란 해바라기 밟고 서서
길 건너 노란 해바라기 찾아

눈도 귀도 없이
까만 길을 툭툭 치며 갈길 찾아가고 있다

이목(耳目) 없는 거리
앞에 서면 긴 한숨이 쏟아지고
지나온 길은 이미 발자국도 찾을 수 없다

까만 밤 무수한 별빛 앞에
층층이 늘어진 하얀 구름 징검다리를 건너
해바라기 길게 늘어선 땅을 찾아가야 한다

머나먼 길
짧은 바흐의 G장조 미뉴엣이 흐른다

---

*흰 지팡이는 시각장애인의 상징物이다

세숫대야*

아침에 일어나 우물가에 서면
엄마는 가마솥에 데운 물을 동그란
세숫대야에 정화수 담듯 곱게 담아
잠이 덜 깬 내 앞에 가만히 두신다

구릿빛 둥근 대야에서 피어 나는
따뜻한 물안개에 얼굴을 갖다 대면
맑은 물방울이 얼굴에 스미고
밤새 못 본 대야 속 내 얼굴과 아침 인사를 한다

앞 수건 목에 걸고 투박스러운 듯
얼굴 문지르던 엄마의 손길은 이제 없고
조그만 손가락을 펴서 가득 담은
세숫물은 앞으로 나의 몫이 된다

손바닥 가득 담아 얼굴 닦다
옷을 적셔도 나의 몫이고
적당히 담아 옷 안 젖게 하는 것도
이제 모두 나의 몫이다

놋대야에 담긴 물을 욕심 없이
손에 담아 세수하는 지혜를
엄마는 세숫대야에서 가르쳐 주었건만

이제 파란 녹이 가득 낀 세숫대야는
주인 없는 우물가에 자신을 비춰보기
부끄러운 청동 거울이 되었다

*제6회 『월간시인』 신인상 응모 등단 수상작

어느 木魚의 꿈*

생면부지의 나무 두 그루
칭칭 몸을 감아 하나가 되고
쏜살같은 시절 인연(時節因緣) 보낸다

여린 가지 잘라내어
내 아래 뿌리내려 주었건만
아아, 몇 잎 돋우더니 뿌리째 뽑혀 부지깽이 되어버렸다

인연 된 한 가지 고사(枯死)한 지 오래고
하나 남은 가지마저 물줄기 올리기도 힘들고
새싹 틔우기조차 벅차다

젊고 푸르던 이파리
노래하던 새들도 다 떠나고
이제는 마른 가지 빈 하늘만 가른다

걸어온 삶 배 갈라 긁어내어
어느 절간 울음 우는 목어(木魚) 되니
새벽마다 찾아온 딱따구리 잠을 깨운다

이제 소원이라면
저놈의 부지깽이 사르는 장작(火木) 되어 활활 타올라
꿈마저 하얀 재가 되어 저 강물에 뿌려졌으면 한다

---

*제6회 『월간시인』 신인상 응모 등단 수상작

붉은 찔레꽃*

기어이
꽃이 보이려는 군요
님께서 말하는 刹那의 시간
마음이 여린 이에게는 긴긴 시간이었습니다

차마 그 꽃을 보기 두려워
바닷가 햇빛은 그리도 강했나 봅니다
아무도 알 수 없는 그대 꽃이
마음 가난한 이의 마음으로 비롯됨을
누가 짐작이라도 할까요

얼굴은 붉어지고
심장은 콩당 콩당 해집니다
하는 일이 산만해지고
이제 걸음마 배운 아기 백사장 위를 걷는 모양입니다

차마, 이것이 생에 마지막이라 말할까
귀먹어리가 될까 합니다

차라리 바람 부는 날
파란 하늘이 하얀 구름에 하는 꾸지람이었으면
좋겠습니다

---

*붉은 찔레 : 해당화 / 제6회 『월간시인』 신인상 응모 등단 수상작

어떤 버스 정류장*

수많은 시간 보내온 흔적이
얼굴과 손등에 가득한 사람들이
오늘도 갈 곳이 있는 사람처럼
버스 정류장에 한 사람 한 사람 모이기 시작한다

비슷한 옷을 입고
비슷한 신을 신고
비슷한 행색(行色)에
또, 비슷한 눈빛을 한 사람들

하지만 서로는 모르는 듯 아무 말 없이
그저 저 길모퉁이만
물끄러미 바라본다

어느덧 해는 뉘엿뉘엿 서산으로 넘어가며
가로수 그림자 길게 늘어져 발등을 덮는다

버스 서지 않는 정류장에 가로등이 켜지고
육십 년대 빛바랜 영화 포스터에 불이 켜지면
기다리는 버스는 오지 않고 먼먼 기억만 하릴없이 지나간다

어디로 가나

---

*버스 서지 않는 정류장은 치매 환자분들을 위한 안전장치 프로그램이다

코스모스

바람 한 점 없는데
걷는 발걸음 따라
가녀린 몸이 나풀거린다

나를 쳐다보고 가라는 뜻인가?
하고 멈추었더니
너는 가만히 있다

길가에 늘어선 코스모스
나풀거리는 치마폭에
깊어 가는 가을이 번져온다

아쉬운 가을 보고 가라며
바람 없는 길가에서
온몸을 요동친다

나직이 들려오는
하얀 웃음소리
눈부신 漢水의 윤슬

늘어지는 그림자는
갈대숲으로
걸어간다

강 같이 흐르는 7번 국도

강원도 고성군 현내면 금강산路481에서 발원하여
부산시 중구 구덕路12까지 흘러간다
493.3km

어쩌면 창으로 스치는 그림 같은 풍경이
단 한 번도 함께 한 적이 없는 길이지만
함께했던 길 같이 여겨지는 까닭은
오랜 시간 마음 함께 했기 때문이다

우리는
어제를 잊고
오늘을 살아가며
내일을 몰라야 한다
그것이 우리가 살아가는 방법이다

강같이 흐르는 시간이기에 돌이킬 수 없다
가질 수도 만질 수도 없는 시간이 몸통에
부딪히면 애써 마음을 열어 그대를 맡는다
비릿한 바닷바람에 전해온 너의 진실이 폐부까지
스며들 때 그때야 갈매기 날아오른 하늘을 본다

강 같은 흐르는 7번 국도에서
지나온 시간을 본다

당신께서 묻네요

'잘 지내시나요'라며

수많은 달 비켜가고
참 변한 것 많았을 텐데
그래도 내 안에 당신만은 변한 것 없네요

이미 비어 버린 마음
그 한 켠 빈 곳에 심어 둔
능소화 꽃향기가 담장 너머로
바람결에 흩어지고

언제였나
지나간 바람이 돌고 돌아
기어코 당신의 흔적이
山寺 처마 밑 風磬을 울리네요

'잘 지내시나요'라며

晩秋의 기억

수줍은 듯 덧니 속에 숨어버린
엷은 미소가 스쳐 가고

누런 원고지에 길게 늘어선
당신의 염서(艶書)는 마음을 때립니다

이제 보내온 시간이
당신과 공평했으면 하지만

줄곧 감춰온 구차함이
어부의 부정처럼 낯이 붉어지게 합니다

가을 끝자락에 붉은빛 낙엽조차
쉬이 집어 들지 못함은

당신의 아픈 가을을 모른 척하기 위함이니
어찌 붉은 단풍을 안다고 말할까요?

물끄러미

나는 물끄러미 쳐다보는 것이 좋다

가령, 꽃을 쳐다보는 것도
푸른 나무를 쳐다보는 것도
그냥 물끄러미 쳐다본다

지붕 위에 요란하게 떨어지는
빗방울을 쳐다보는 것도
그냥 물끄러미 쳐다본다

네가 무얼 그리 보느냐 물으면
나는 그냥 웃는다

나는 물끄러미 쳐다보는 것이 좋다

어쩌면, 빨간 단풍을 쳐다보는 것도
노란 단풍을 쳐다보는 것도
그냥 물끄러미 쳐다본다

지붕 위에 소복이 쌓이는
하얀 눈을 쳐다보는 것도
그냥 물끄러미 쳐다본다

다시, 네가 무얼 그리 보느냐 물으면
나는 또 그냥 웃는다

나는 너를 물끄러미 쳐다보는 것이 좋다

내가 너를 물끄러미 쳐다보고
너도 나를 물끄러미 쳐다본다

내가 세상을 물끄러미 쳐다보는 것과
내가 너를 물끄러미 쳐다보는 것은

그냥 좋다

엄마 키우는 딸

평창 산 능선 칼바람 피해
엄마 등에 업혀 코를 비비던 아가는
엄마의 살갗에서 풍기는
엄마 땀 냄새를 기억한다

매서운 강릉 앞바다 겨울바람 피해
엄마 치마폭에 숨어버린 소녀는
엄마의 빛바랜 치마에서 풍기는
엄마 삶의 냄새를 기억한다

자식들 눈비 바람 막아주던 울타리
이제야 한숨 돌린 저 고목에
주름살보다 더 깊은 고독이 오고
참아야 했던 삶의 숨비소리
새벽까지 서럽게 합니다

나 어릴 때 평창의 매운바람 속에
당신의 땀 냄새 기억나는 것을
주문진 겨울 바다 비린내 막아 주던
당신의 치마폭이 기억나는 것을

내 어찌 襁褓강보에 싸여 맡았던
엄마의 냄새를 잠시라도 잊을까요

나는 당신의 전부였기에
이제 당신의 가슴에 향기로 남아
당신을 소중히 키워야 하겠습니다

나의 어머니여

오월의 단풍

아주 오래전
초등학교 미술 시간
넓은 흰 도화지, 색색 물감, 붓
그리고 팔레트와 물통

선생님 탁자에 놓인
빨간 카네이션

내일은 오월 팔 일 어머니의 날
한껏 마음에 그린 너를 그리려 노려보다
붉은 물감을 꾹 묻혀 드는데

툭 하며 옆 짝이 팔을 치는 바람에
후드득 빨간 물감이
흰 도화지에 크고 작은
빨간 동그라미가 뿌려졌다

아아, 십여 분 뒤
울음을 그친 나는
우리 학교 앞산을
알록달록 빨갛게 단풍이 들어가는
가을 산으로 그렸다

나는 단풍이 곱게 물든
우리 학교 앞산을
엄마 가슴에 달아 드렸다
엄마가 웃었다
모든 것을 받아주는
엄마와 가을이 좋다

를

리을을 이고 사는 리을
ㄹ과 ㄹ
무엇 하나 다름없는 같음인데

너는 위
나는 아래
누가 누구를 위한 희생인가

나는 위
너는 아래
누가 누구를 위한 존재인가

詩를 쓰면
살며시 다가오는 너

이제
너를 위해
나를 위해
우리를 위해

사랑 해야겠다

나의 살던 고향은

점점 작아지는 당신
어제는 세 살 이더니
오늘은 두 살이 됩니다

매일매일 어려지는 당신
당신 앞에 나는 겨우 철들어 가는데
시계 바늘은 왠지 거꾸로 가고
자꾸자꾸 당신은 아기가 되어갑니다

당신은 엄마도 없이 힘들게 배워 걸었던 걸음마도 잊고
오늘도 누워 있기만 합니다
부끄러운 대소변도 못 가려 기저귀를
해야 하는데 당신의 얼굴은 아기처럼 해 맑습니다

뽀송뽀송한 아기 피부는 어디 가고
빨갛게 달아오른 엉덩이가 사과 빛이 되면
내 얼굴빛은 못내 하늘에 죄를 지은 듯 부끄러워집니다

이제
나는 당신의 자궁으로 돌아가야 합니다
당신의 품속이 나의 고향이었습니다

당신은 나의 엄마인 것을
나는 당신의 전부였던 것을
나의 살던 고향은 당신이었던 것을
송두리째 잊고 있었습니다

가난했던 가슴에 보름달이 뜨고
돌아갈 곳이 없어진 날 비로서 고아가 되었습니다
차마 뜨거운 눈물을 이제야 당신 얼굴에 떨굽니다

아, 엄마

해당화

하얀 모래 시오리 길을
찰랑이는 은사포(銀絲布)의 윤슬과
마음 이끄는 데로 걷는다

사뿐사뿐 그려 놓은 발자욱
그리면 지우고
또 그리면 또 지우는
파도의 마음

밤새도록 하얀 파도 소리 머금으며
그려 놓은 발자욱
아직도 그 꽃잎에 선명한데

오늘도 님 발자욱 그리며
날마다 붉어지는
그리움의 꽃잎

달 보고 울자

마음이 가난하여
생각이 협소하여
생활이 궁핍하여
내 진실한 울음을 울어 본 적이 있더냐

마음에 곪은 상처들을
큰 눈물로 흘려보낸 적이 있더냐

오늘
둥근 달뜨는 대청봉에서
둥근 달뜨는 비로봉에서
둥근 달뜨는 천왕봉에서
둥근 달뜨는 백록담에서
둥근 달뜨는 우리네 앞산에서
한바탕 울기 좋은 곳에서

한번
우레와 천둥 같은 울음 울어 보자
영웅과 미인이 잘 운다고 한다

돌아갈 곳이 있다

이 세상에 왔다는 것은
돌아갈 곳이 있다는 것이다

마음 가르는
향불 사이에 두고

돌아간 이와
돌아갈 이가
마주한다

잘 가시라 했거늘
잘 있다 오시라 한다

아마도 저 향불이 반환점인 것을

돌아선 길
하늘에 말한다

'나도 돌아갈 곳이 있다'

염습(殮襲)

이 세상에서 마지막 목욕하는 날
향 끓인 맑은 눈물에 세상 미련 씻는다

저 창 너머에 내 육신 닦아주는 인연 없어도
기어이 오욕과 허물은 벗어두고 간다
기필코 옳았던 글렀던 그동안 가득 움켜쥔 손 씻고 간다

옷 한 벌 얻어 입은 생에 마지막은
맨몸으로 와서 그런대로 손해 본 인생은 아닌 듯하다

한 입쌀 가득 반합하고 십 만석 외치면 더 이상 세상과는 미련도 없다
두 손은 다소곳이 모으고 더 이상 쥐고 갈 것 없으면
비로소 온몸 가로 매 세로 매 잡히고 오동 木에 닭 벼슬세운 碧梧桐에 들어간다

이 세상에서 마지막 목욕 끝나는 날
삶의 고통을 뜨거운 햇볕 아래 너럭바위에 널어 말리고
더 이상에 미련 없는 벽오동마저 훌훌 털어 버리면 매 잡는 손길이
흙길이던 불길이던 그 손길 따라간다

이 세상에 처음 나와
어미젖 입에 물고 고사리손 흔들며 인사하던
노랑나비 따라간다

천장(天葬)

태초에 이곳에 살던 천조(天鳥)였네
오랜 시간 피를 말리던 바람이었네

다시 속세에 오지 않기 위해
여기 누워 있음은
처음이자 마지막으로
너희를 연모해 한점의 살점과
한 움큼의 뼛가루를
보시할 일이 남았을 뿐이라네

해탈을 간절히 원해
머리 뼈 마저도 바스러져
보릿가루와 함께
너의 입에 들어갈 뿐이니
경배의 잔치가 아니라네

主祭者가 말하기를
이 돌 도마에 누울 수 있는 이는
맑은 이슬 같은 영혼뿐이라네

이곳은 태초에 정선이라네

파묘(破墓)

윤달,
하늘의 뜻이다

오랜만에 뵙는 아버지 얼굴 마주하고자
대문을 열고 들어가
섬돌 아래에서 큰절 올리고
방문 열어 기침하니

그간의 불효를 보듯
야윈 하얀 살빛에 빛바랜 갈색 의관
차마 볼 수가 없다

이제나저제나 찾아오는 인연 보려 보낸 시간
산 아래 느티나무 이제 구름에 맞닿고
그저 말없이 차려 드리고 간 술상이 못마땅한 듯
아버지는 말이 없다

이제 하늘의 뜻 간곡히 전해 드리며
긴 여정 떠날 차비를 청하니
당신의 몸 내게 맡기시며

'문패는 버리고 가자'

하루 먼저 뜬 팔월 보름달

엄마는
보름달 하나 가득 품었다

송편은 제대로 빚은 게야
시루떡은 아마도 잘 익은 게야

엄마는
마당 한쪽에 파 놓은 우물 속에
둥근 달이 먼저 비출까

내일이면 떠오를 달을 품다
삼신할매 호통에 하루 먼저
둥근 보름달을 내어놓으신다

계수나무 옥토끼 귀가 쑥 빠지고
금줄에 검정 숯과 붉은 고추가
우리 집 대문에 주렁주렁 걸린다

가을 저녁
엄마 가슴 위에
보름달이 두둥실 뜬다

아, 어머니

어느 하얀 날
길 잃은 여인이
흰 달빛 따라 길을 간다

남의 둥지에
이내 발목 잡힌 인생 남겨두고
도망치듯 떠나는 인연들 미련 없이 떠나고

거역할 수 없는 당신의 흔적을
熱河에 씻는다

밤새 토(吐)하듯 부르는 당신의 노래는
여명이 되어서야
지친 서러움이 삭히고

米壽의 낮과 밤
쏟아지는 별빛만큼
켜켜이 쌓인 당신의 아물지 않은 딱정이는 발아래 가득한데

뒤뜰에
갈 길 멈춘 시린 달빛만 따라 운다

고갯길

소싯적
대처로 공부하러 간다며 집 떠나가더니
학교 다닌답시고 가뭄에 콩 나듯 찾은 시골집
그리고 엄마

군대 갈 적
전쟁터 끌려 나간 놈처럼 어느 날 갑자기
사라지더니 3년 동안 코빼기도 안 비추는
웃기지도 않는 코미디를 한다

장가가더니
먹고사는 일이 뭔 넘에 벼슬인 양
지깟것만 사는 세상인 양 처자식 빼고는
뒤도 옆도 안 돌아보고 살던 놈이

술 한 잔 걸치면
지가 뭔 놈에 효자인 양 훌쩍거리며
비 나리는 고모령을 부르다
눈물 콧물 범벅되어 휴대전화를 꺼내더니

엄마! 사랑해한다
미친놈이

슬픈 세상 떠나며

슬픈 세상 살다 가며
무슨 미련 남았나

참척(慘慽)의 무거운 침묵이 흐르고
당신 가고픈 곳 그려주는 눈빛조차 희미하다

'네 에비 옆에 절대 못 간다'
하고픈 말을…

나는 알지
당신의 마음을
눈물로 한 연심이
결국 生의 모든 기억을 송두리째 앗아 간 것을

이 세상 마지막 목욕하는 날
당신의 눈물로 목욕하고

노랑나비 되어
날아간다

가을 山行

어제 엄마 마음을 하얗게 태워 먼저 가신 아버지에게 모셔 드리고 왔다
오늘은 가을 산 단풍 구경 가자고 하니 흔쾌히 마음 동행하신다
청수 폭포에서 구기동 코스로 산행 길을 선택했다

산행 초입 폭포수에 손을 씻고
작은 암자 해우소를 찾아 속마음까지 비웠다
산길 건너에 놓인 붉은 단풍도 마음 사진첩에 담고
붉어오는 먼 산과 파란 하늘을 눈물로 흐려진 눈 속에 담는다

문수봉에 올라 마음을 구겨 넣고 벼랑바위 길을 도망치듯 내려 걸었다
뒤도 안 보고 다시는 못 볼 길처럼 걸었다
사모바위 뒤로 돌려세우고 비봉 올라서려다 부는 바람 차마 무서워
낯 뜨거워진 얼굴로 멀리멀리 도망가는 죄인처럼 걸음을 재촉한다
멀리 향로봉에서 바라보는 비봉에 두고 온 아쉬움이 있는 듯 자꾸 눈길이 밟힌다

내려가는 길 이정표를 확인 못 한 어리석음에
왔다 갔다 하는데 뒤쪽에서 어느 목소리
'구기동 길은 오른편입니다' 하며 점잖은 소리 들렸다
어두워진 산길 한참을 내려오다 뒤를 돌아보았다
내 하산 길을 어찌 알았을까

마음은 기어이 이소(離騷)* 한 가닥과 마주하는데
손 씻은 폭포였나 속마음 비운 암자였나 문수봉이었나 바위 벼랑길 인가
낯 뜨거워진 비봉 돌아본 향로봉이었나
도대체 마음 한구석 떨구고 온 곳이 어디인가?

이미 되돌아갈 길은 없는데
엄마 두고 온 산 길엔 달빛도 이미 숨었다

---

*이소(離騷) : 근심을 만나다(초나라 屈原의 시에서 애써 빌려 쓰다)

이문학

경북 봉화 출생 및 거주, 춘양중·상업고등학교 졸업, 경북전문대학교 행정과 졸업, 한국 방송통신대학교 행정학과 졸업, 전 봉화군청 근무, 4급 명예퇴직

국민행복여울문학 시, 시조, 수필 신인문학상
문학고을(시) 신인문학상, 문학광장(시) 신인문학상
시사문단(시) 신인문학상, 한국문학(시) 신인문학상
한국문학예술(노래 가사) 신인문학상, 한반도문학(수필) 신인문학상
한비문학(시) 신인문학상

[수상]
세계평화 독도문학(수필) 대상, 전국 향토문화공모전 우수상, 전국 한자 교육을 위한 글 공모전 우수상, 전국 사행시 공모전 최우수상, 전국 독도사랑 공모전 최우수 의병상, 세계평화 독도문학(수필) 대상, 2024 김소월 시맥문학상(시), 제1회 섬진강 문학상(시) 대상 등.

수상소감

먼저 존경하는 심사 위원장님과 위원님, 그리고 대한민국 항일 문학시맥회 회장님 및 관계자님, 한비문학 회장님을 비롯한 관계자님, 한비문학출판사 대표님을 비롯한 관계자님께 감사의 말씀을 드립니다.

저가 20024년 김소월 시맥문학상을 수상하게 되어, 제 삶의 중요한 이정표가 된 것 같습니다. 이 상은 단순한 영예가 아니라, 저의 시 세계에 대한 깊은 성찰과 반성을 가져오는 기회입니다.

김소월 님은 한국 현대 시의 거장으로, 그의 작품 속에는 우리 민족의 슬픔과 희망이 고스란히 담겨 있습니다. 그런 위대한 시인의 이름을 내 이름과 함께 할 수 있음에 큰 영광을 느낍니다. 그의 시가 저에게 미친 영향은 이루 말할 수 없을 정도로 크며, 저 역시 그가 남긴 유산을 이어가고 싶다는 마음으로 시를 써왔습니다.

저는 시를 통해 세상을 바라보는 새로운 시각을 찾고자 했습니다. 일상의 소소한 순간들에서 발견한 감정과 생각들을 시로 표현하며, 독자들과의 깊은 교감을 이루고 싶었습니다. 이 과정에서 많은 어려움과 좌절이 있었지만, 그 모든 순간이 저를 성장하게 만들었습니다. 수상의 기쁨보다 더 큰 것은, 저의 시가 누군가에게 위로와 감동을 줄 수 있다는 믿음입니다.

이 상은 저 혼자의 힘으로 이룬 것이 아닙니다. 저를 지지

해주고 응원해준 가족, 친구, 그리고 스승님들 덕분입니다. 그들 없이는 오늘의 제가 존재할 수 없었을 것입니다. 늘 곁에서 저의 시를 읽어주시고, 진심 어린 조언을 아끼지 않으신 모든 분들께 진심으로 감사의 말씀을 드립니다.

 앞으로도 저는 김소월 시인의 정신을 이어받아, 우리 문학의 가치와 의미를 되새기며 더 나은 시를 쓰기 위해 노력할 것입니다. 저의 시가 누군가에게 작은 위로가 되고, 삶의 여정에 도움이 될 수 있다면, 그것이 바로 제가 시를 쓰는 이유입니다.
그리고, 더 나은 작품으로 여러분의 기대에 부응할 수 있도록 노력하고자 합니다. 문학의 힘이 우리 사회에 긍정적인 변화와 희망을 불어넣기를 바라며, 저 또한 그 여정에 함께하고 싶습니다.

이 순간, 별빛처럼 반짝여
내 마음의 깊은 곳에서
시의 꽃이 피어납니다
김소월의 이름 아래
작은 목소리들이 모여
함께 노래하니
가슴이 벅차오릅니다
그리운 고향의 바람을 타고
사랑하는 이의 미소를 담아
내 시가 흐르는 이 길
끝없이 펼쳐진 꿈의 여정
이 상은 단지 나의 것이 아닌
모든 시인의 희망과 열정이
함께하는 상징이니
더 많은 이들과 소통하고
영혼의 깊이를 나누고 싶습니다

어려운 날도 있었지만
그 속에서 따스한 온기를 찾고
고독을 친구 삼아
내 마음을 솔직히 드러내 왔습니다
나는 이 상을 통해
나의 작은 목소리가
누군가의 마음에 닿기를
그들의 눈물과 웃음 속에
함께하길 바라는 마음입니다

모든 이의 정성과 응원에
진심으로 감사드리며
앞으로도 시의 세계를 탐험하며
사랑과 희망의 메시지를
전하는 시인이 되겠습니다
이 길에서 만나는 모든 순간이
소중한 시가 될 수 있도록
나는 계속해서 쓰고
꿈꾸고, 노래할 것입니다.

 마지막으로, 이 상을 통해 많은 분들과 함께 시의 아름다움을 나누고 싶습니다. 시는 우리를 하나로 연결하는 힘이 있습니다. 앞으로도 그 힘을 믿으며, 시의 길을 걷고 싶습니다. 다시 한 번 이 영광을 주신 모든 분들께 감사드립니다. 감사합니다.

별빛의 속삭임

밤하늘에 수놓인 별들이
고요한 어둠을 가르며
내게 속삭이네
잊혀진 꿈을 다시 불러내듯

그대와 나, 손을 맞잡고
넓은 들판에 누워
별들의 이야기를 들었지
우주가 우리의 비밀을 알고 있었어

반짝이는 별빛 아래
사랑의 약속을 나누며
시간이 멈춘 듯
영원히 이 순간을 간직하리

별들은 우리의 마음을
하나로 이어주는 실이 되어
아름다운 기억을 엮어내고
그 속에서 우리는 다시 태어나네

어둠 속에서 빛나는 그대
당신의 눈동자에 담긴 별빛
내 마음의 모든 그리움을
하나하나 녹여내 주었지

이 밤이 지나고
동틀 무렵이 오더라도

별빛의 속삭임은
결코 사라지지 않으리

우리의 사랑이 담긴 별들은
영원히 하늘에 빛나며
그대와 나의 이야기를
세상에 전해주길 바래

별빛 속의 소원처럼
우리의 사랑은
우주를 가로지르며
끝없이 퍼져나가리.

추억의 정원

가슴 깊은 곳에 숨겨진
추억의 정원, 그곳에 들어서면
사라진 시간들이 다시 피어나
햇살 아래 춤추는 꽃들이 반긴다

어릴 적 뛰놀던 그 길
하늘을 향해 손을 뻗던 나무들
바람에 실려 오는
그대의 웃음소리가 귓가에 맴돌아

조용한 오후, 나무 그늘 아래
서로의 꿈을 나누던 그 순간들
사랑의 향기가 가득했던
추억의 정원은 여전히 살아 숨 쉰다

흩날리는 꽃잎 사이로
그대의 모습이 스쳐가고
눈을 감으면 느껴지는
그리움의 따스함에 마음이 울린다

이 정원은 내 마음의 안식처
눈물과 웃음이 어우러진 곳
우리의 모든 순간이
영원히 이곳에 새겨지리

계절이 바뀌어도 변치 않는
우리의 사랑이 자라나는 곳

추억의 정원에서
서로를 다시 찾아내리

시간이 멈춘 듯한 이곳에서
손을 맞잡고 걸어가며
영원히 간직할 사랑의 기억을
하나씩 피워내리라

이 정원은 세상의 모든 그리움을
안아주는 품이 되어
추억의 꽃들이 만개하는 순간
우리의 이야기는 계속될 것이라 믿어.

사랑의 여정

먼 길을 떠나는 듯한 그대와 나
서로의 손을 잡고
불확실한 미래로 나아가네
사랑의 여정은 끝없이 펼쳐져
우리의 발걸음이 하나로 이어지리

눈부신 햇살 아래
때로는 비바람 속에서도
서로를 바라보며
희망의 불꽃을 피워나가

가슴 속 깊은 곳에
사랑의 맹세를 담아
추억의 작은 조각들을 모아
길을 잃지 않도록 서로를 지켜줄게

기쁨과 슬픔이 얽힌 이 길
함께 나눈 모든 순간들이
우리의 마음을 더욱 단단히 하고
사랑의 뿌리를 깊이 내리게 하네

어둠이 찾아와도
그대의 미소가 나를 밝혀
나는 다시 일어설 힘을 얻고
우리의 여정은 계속될 거야

산과 강을 지나

별빛 아래 영원히 함께할
사랑의 여정은
우리에게 약속된 길이니

시간이 흐르고, 세상이 변해도
우리의 사랑은 변치 않으리
서로에게 주어진 이 길에서
영원히 함께 나아가리라

사랑의 여정은
끝없는 모험이자
두 마음이 하나로 연결된
가장 아름다운 이야기로 남을 것

자연의 품에서 피어난 사랑

자연의 품, 고요한 밤하늘 아래
별빛이 쏟아지는 그 순간
우리의 마음은 서로를 향해
조용히 속삭이는 듯 했네

바람에 실려온 향기로운 꽃
그 속에서 피어나는 사랑
아련한 기억의 조각들이
추억의 향수를 불러오네

자연의 품, 따뜻한 손길
서로의 눈빛 속에 담긴 이야기가
한 줄기 빛처럼 스며들어
영원히 간직할 마음의 노래

밤하늘 별들은 우리를 감싸고
달빛은 우리의 비밀을 알고
서로의 영혼이 닿는 그때
사랑의 씨앗은 조용히 자라네

가슴 깊은 곳에서 피어나는
사랑의 감정은 결코 사라지지 않아
자연의 품, 그 안에서 우리는
서로를 위해 존재하는 이유가 되네

어둠이 내려와도 두렵지 않아
너와 나의 사랑이 함께하니

자연의 품에서 피어난 사랑은
세상을 밝혀주는 빛이 되어

시간이 흘러도 변하지 않는
우리의 사랑은 더 깊어져
자연의 품에서 영원히
서로를 향한 그리움이 피어오르네.

바람의 노래

바람이 속삭이는 소리
그리움의 멜로디가 되어
푸른 하늘을 가로지르며
내 마음을 어루 만지네

넓은 들판을 가로질러
자유롭게 춤추는 바람
흩어진 구름들과 함께
꿈을 실어 나르는 듯해

그대의 목소리처럼
따스한 햇살을 안고
나뭇잎 사이로 스며드는
바람의 노래는 잔잔한 위로

어릴 적 뛰놀던 그곳
추억이 가득한 길 위에서
바람은 나의 이야기를 듣고
소중한 순간들을 다시 불러내네

때론 거세게 휘몰아쳐
마음의 상처를 씻어내고
때론 부드럽게 감싸안아
내 영혼을 재충전하리

바람의 노래는
세상의 모든 고통을 품어

희망의 씨앗을 심어주며
끝없는 여행을 함께하네

어둠이 찾아와도
바람은 결코 멈추지 않고
우리가 걸어온 길을 따라
사랑의 메시지를 전하리

바람의 노래는
우리의 마음을 이어주는 실
서로의 존재를 느끼며
영원히 함께할 것을 약속하리

내일이 오고, 계절이 바뀌어도
바람의 노래는 계속될 거야
소중한 기억과 사랑을 담아
우리를 감싸 안아줄 테니

시간의 조각들

시간은 흐르는 강물처럼
우리의 삶을 스쳐 지나간다
하루하루 쌓여가는 조각들
추억의 퍼즐을 만들어 가네

어린 시절, 바람과 함께 뛰어놀던
햇살 가득한 그날의 웃음소리
소중한 순간들이 내 마음 깊이
조각처럼 박혀 영원히 남아

시간이 흘러도 변하지 않는
첫사랑의 떨림과 설렘
그대와 나눈 눈빛은
아직도 내 가슴을 뛰게 하네

계절은 변화하고
눈부신 봄꽃에서 가을의 단풍까지
각각의 순간들은
우리의 이야기를 엮어가고

때론 슬픔의 조각이
마음을 무겁게 짓누를 때도
그 속에서도 우리는
서로를 의지하며 나아가리

시간의 조각들은
우리의 삶을 비추는 거울

소중한 가르침과 경험을 담아
미소 지으며 앞으로 나아가게 하네

어둠 속에서도 빛을 찾고
희망의 불꽃을 꺼뜨리지 않아
시간이 주는 이 모든 순간들이
우리의 영혼을 더욱 강하게 하리

마지막 조각이 맞춰질 그날
모든 순간들이 연결되어
아름다운 그림을 완성할 테니
우리는 결코 혼자가 아님을 알리

시간의 조각들 속에
우리의 이야기가 깃들어
영원히 기억될 그리움과 사랑
영혼의 노래로 남아 흐르리

한 뼘의 기적, 농부의 손길

푸른 들판, 햇살 가득한 날
농부의 손길이 땅을 어루만져
흙 속의 꿈을 깨워내고
한 뼘의 기적이 시작되네

부드러운 손가락 사이로
작은 씨앗들이 스며들고
희망의 물방울이 뿌려지면
어둠 속에서 새 생명이 태어나

비가 내리고 바람이 불어
농부의 마음은 조용한 기도
자연의 품에 맡기며 기다려
그의 소망은 땅 속에 깊이 박혀

여름의 뜨거운 태양 아래
땀방울이 흘러내리고
한 뼘의 땅에서 자라나는
식물들의 생명력이 빛을 발하네

푸르른 잎사귀, 황금빛 열매
자연이 주는 보답의 순간
농부의 손길이 만들어낸
한 뼘의 기적이 세상을 감싸네

가을의 수확, 기쁨의 노래
모든 노력의 결실이 되니

그의 손에서는 희망의 씨앗
다시 뿌려질 내일의 꿈으로

어머니의 품처럼 따뜻한
농부의 마음은 넓고 깊어
땅과 하늘, 그리고 생명이
조화롭게 어우러지는 리듬

한 뼘의 기적, 농부의 손길
모든 생명이 연결된 이 순간
자연의 경이로움과 사랑을
함께 나누며 살아가리라.

별빛 아래의 꿈

밤하늘에 별들이 쏟아지면
그 작은 빛들이 내 마음을 감싸
무수한 꿈들이 속삭이는 듯해
별빛 아래에서 나는 자유로워

어릴 적, 소원을 빌던 그 자리
반짝이는 별 하나하나에
희망과 사랑을 담아내던
그 순간들이 다시 떠 오르네

은하수의 흐름을 따라
끝없는 우주 속에서
내 마음의 별들을 찾고
잊혀진 꿈들을 다시 꺼내보네

별빛은 나에게 길을 안내하고
어둠 속에서도 길잡이가 되어
두려움의 그림자를 지우고
환한 내일로 인도 하네

때론 고독이 찾아와도
별들은 나를 외면하지 않고
그들의 반짝임은
내 영혼을 위로해 주네

세상이 시끄럽고 복잡해도
별빛 아래에서 나는 나를 잃지 않고

꿈꾸는 마음으로 세상을 바라보며
소중한 순간들을 음미하리

별들이 속삭이는 그 노래
우주가 주는 선물 같은 시간
내가 원하는 모든 것들이
별빛 속에 숨겨져 있음을 알게 하리

이 밤, 별빛 아래서
그대의 꿈도 함께 피어나고
서로의 마음을 연결하여
영원히 빛나는 순간을 만들어가리

어둠이 깊어질수록
별빛은 더욱 선명하게 빛나고
우리의 꿈은 그들과 함께
영원히 이어지는 이야기로 남아

시간을 잇는 실타래

시간의 실타래는 길고 복잡해
어제와 오늘, 내일이 엮여 있는
수많은 순간들이 얽혀져
우리를 하나로 묶어 주네

어린 시절, 무한한 꿈을 안고
햇살 아래서 뛰어놀던 그때
순수한 웃음과 눈물로 엮인
추억의 실들이 지금도 남아

세월이 흐르고, 우리는 성장해
새로운 만남과 이별을 겪으며
각자의 길을 걸어가지만
시간의 실은 결코 끊어지지 않아

어둠 속에서도 빛을 찾고
희망의 실타래는 언제나 존재해
우리가 서로의 손을 잡고
함께 엮어가는 이야기가 있기에

그리움의 실은 가끔 아프지만
과거의 기억은 우리를 더욱 강하게
잃어버린 순간들을 찾아가며
시간의 흐름에 따라 다시 만나는 법

사랑의 실타래는 더욱 굵고
서로의 마음에 깊이 스며들어

우리가 함께 나누는 모든 감정이
시간을 초월해 영원히 이어 지네

이제 우리는 시간의 주인
각자의 실타래를 엮어가며
소중한 순간들로 가득 채우고
여행을 계속해 나가리

시간이 지나도 변치 않는 것
인연의 실타래가 우리를 묶어
서로의 삶을 비추는 별처럼
영원의 이야기를 만들어 가리

무지개 속의 비밀

비 오는 하늘, 구름이 걷히고
햇살이 세상에 스며들면
그때 나타나는 무지개의 아치
마법 같은 색깔들이 춤추네

빨강, 주황, 노랑, 초록, 파랑, 보라
각 색깔마다 담긴 이야기들
어린 시절, 꿈꾸던 소망이
무지개 아래 숨겨져 있음을 알게 해

그 속에 감춰진 비밀은 무엇일까?
희망의 메아리, 사랑의 속삭임
우리가 잃어버린 순수한 마음
그 모든 것이 무지개에 녹아들어

때론 고난과 역경을 지나
어둠 속에서 길을 잃을지라도
무지개는 항상 우리의 위로
힘을 주고 다시 일어설 수 있게 해

서로의 손을 잡고 걸어갈 때
무지개는 더욱 선명히 빛나고
우리의 인연이 엮여지는 순간
비밀은 더욱 깊어지네, 서로의 마음 속에

각 색깔은 우리의 다양한 감정
슬픔과 기쁨이 얽힌 실타래

무지개 속의 비밀은 결국
서로를 이해하고 포용하는 것

하늘이 다시 흐리고 비가 온다 해도
무지개는 언제나 다시 나타나
우리의 삶에 색을 더해주며
희망의 메시지를 전해주리

무지개 속의 비밀은 단순해
사랑과 연대의 힘으로 가득 차
우리가 함께 나누는 모든 순간이
영원히 잊지 못할 소중한 기억으로 남아

바람이 전하는 이야기

바람이 불어오는 날
하늘은 푸르고 맑은데
그 바람은 소중한 이야기를
속삭이며 나에게 다가오네

옛날 옛적, 이곳에 살던 사람들
그들의 꿈과 희망이 담겨있어
바람은 그들의 발자취를 따라
시간을 넘어 지금을 전하네

산과 들을 지나, 숲의 숨결을 느끼며
바람은 잊혀진 기억을 불러내
어린 시절, 친구와 나눈 웃음
그 따뜻한 순간들이 나를 감싸네

때때로 바람은 슬픔을 안고
이별의 아픔을 나에게 전해
한 송이 꽃이 떨어지는 소리
그 속에는 사랑의 이야기가 숨어있어

바람이 전하는 이야기는
서로의 마음을 연결하는 힘
어디선가 들려오는 노래처럼
우리는 그 속에서 공감해가네

희망의 바람이 불어올 때
새로운 시작을 알리는 듯해

과거의 상처를 치유하고
앞으로 나아갈 용기를 주네

밤하늘의 별들도 바람을 타고
소중한 꿈을 전해주며
우리는 함께 이 길을 걸어
바람의 이야기 속에 살아가네

그리하여 바람은 영원히
우리의 삶을 노래하는 친구
 지나가는 바람에 귀 기울이며
오늘도 새로운 이야기를 만나리

계절의 흐름, 삶의 리듬

봄바람이 불어오는 그때
어둠을 뚫고 피어나는 꽃
새싹이 돋아나며 세상을 깨우고
생명의 시작을 알리는 소리

햇살 가득한 여름의 한가운데
푸르른 나무들이 우거지고
아이들의 웃음소리가 퍼져
자연과 함께 뛰놀던 기억들

하지만 여름이 지나가고
가을의 금빛 물결이 흐르면
열매를 맺고 감사의 마음
수확의 기쁨이 가득 차오르네

차가운 바람이 불어오는 겨울
모든 것이 잠잠히 숨을 죽여
하얀 눈이 덮인 풍경 속에서
삶의 여유를 느끼게 하네

계절의 흐름 속에 삶이 있네
각 계절이 주는 선물과 교훈
기쁨과 슬픔, 변화의 리듬
우리가 걸어가는 길의 일부

바람의 속삭임, 물소리의 노래
자연이 전하는 깊은 메시지

삶의 고단함도 때론 아름다워
그 속에서 우리는 또 자라네

어둠 속의 빛, 희망의 흔적
계절의 변화를 맞이하며
우리의 마음도 함께 변화해
삶의 리듬을 새롭게 만들어

이제는 서로의 손을 잡고
계절의 흐름에 맞춰 춤을 추자
삶의 아름다움을 느끼며
함께 노래하는 그 순간을 즐기자

계절의 흐름, 삶의 리듬
모든 것이 연결된 이 순간
우리는 함께 걸어가고
자연과 하나가 되네.

영혼의 춤, 빛의 노래

밤하늘에 별빛이 쏟아질 때
고요한 마음속 깊은 곳에서
영혼이 일어나 춤을 추고
빛의 노래가 흐르기 시작해

어둠이 감싸고 있는 이 순간
희망의 불꽃이 타오르네
각 별들은 나에게 속삭이며
잊지 못할 기억을 불러내

빛의 선율이 가슴을 울릴 때
세상의 모든 고통을 잊고
영혼의 깊은 곳에서 피어나는
자유의 춤을 느낄 수 있어

시간이 멈춘 듯한 이 공간
우리는 서로에게 손을 건네
하늘의 별들과 함께 어우러져
영혼의 노래를 함께 부르네

빛의 물결 속에 감춰진 진실
사랑과 우정, 그 모든 것들
우리의 마음이 하나 되어
세상을 밝히는 힘이 되리

어둠 속에서도 빛을 찾고
서로의 따뜻한 숨결을 느끼며

영혼의 춤은 계속 이어져
빛의 노래는 영원히 퍼지리

이 순간, 우리는 하나의 존재
서로를 이해하고, 감싸주며
영혼의 춤이 불러오는 기적
빛의 노래가 세상을 감동 시키리

그래서 오늘도 우리는 춤추고
빛으로 가득한 삶을 노래하네
영혼의 춤, 빛의 노래가
영원히 우리의 길을 인도하리

꿈꾸는 별의 속삭임

밤하늘에 수놓인 별들
그들의 미소가 나를 부르네
어린 시절의 무한한 꿈이
별빛 속에 숨어있음을 느껴

어둠 속의 작은 빛
각각의 이야기를 품고
우리는 이 순간을 함께 나누며
소원 하나씩 속삭여 보네

"너와 나, 영원히 함께하길,"
바람에 실려 오는 그 소리
별들은 우리의 마음을 읽고
희망의 메시지를 전해주네

때로는 슬픔에 젖어 들어
어두운 길을 헤매이네
하지만 그럴 때마다 별들이
내게 손을 내밀며 비추네

"포기하지 마, 밝은 내일이 있어,"
그들의 속삭임은 나를 감싸
희망의 작은 불꽃이 되어
다시 일어설 용기를 주네

꿈꾸는 별의 속삭임은
우리가 잃어버린 모든 것

사랑과 우정, 그리고 용기
그 속에서 새로운 삶을 찾게 해

하늘을 올려다보며
별들과 함께 춤추는 밤
나는 그들의 이야기를 듣고
또 다른 꿈을 꾸게 되리

그래서 이 밤, 나는 약속해
별들과 함께하는 이 순간을
꿈꾸는 별의 속삭임 속에
영원히 나의 마음을 담으리

흙 속의 꿈, 씨앗의 희망

깊은 땅 속, 꿈이 숨 쉬네
어둠 속에 감춰진 작은 씨앗
수많은 날을 기다리며
생명의 시작을 고대하고 있어

흙은 품고 있는 모든 것을
온갖 소망과 열망의 그릇
사랑과 정성이 스며든 곳
생명의 씨앗이 꿈꾸는 세계

비가 내리고 햇살이 비추면
씨앗은 깨어나 세상을 향해
작은 뿌리 내리고 줄기를 세우며
희망의 노래를 부르고 있어

바람이 불면 나뭇잎이 흔들려
자연의 리듬에 맞춰 춤을 춰
때론 폭풍이 지나가고
어둠이 드리워질지라도, 결코 포기하지 않네

하늘을 향해 쭉 뻗어가는
작은 생명의 의지는 강하게
한 줄기 빛을 찾아 헤매며
꼭대기까지 오르는 그 순간을 꿈꿔

마침내 꽃이 피고 열매가 맺혀
그 속에 담긴 무한한 가능성

흙 속의 꿈은 현실이 되고
씨앗의 희망은 세상을 변화시켜

농부의 손길이 부드럽게 감싸
정성과 사랑으로 키워낸 나무
아름다운 풍경 속에 흩어져
모두의 가슴에 영원히 남아

흙 속의 꿈, 씨앗의 희망
우리의 삶도 그러하리라
어둠 속에서도 빛을 찾아
희망의 길을 함께 걸어가리.

시간의 모래알, 추억의 향기

모래사장의 부드러운 감촉
한 알 한 알이 지나간 시간
바람에 실려 오는 그 향기
추억의 조각들이 흩날리네

어린 시절의 웃음소리
해변에서 쫓던 파도와 함께
모래 위에 새긴 발자국처럼
영원히 잊지 못할 기억이여

시간은 흐르고, 계절은 바뀌어
하지만 내 마음은 그곳에 남아
푸른 하늘 아래, 함께했던 날들
모래알처럼 소중히 쌓여가네

때론 그리움이 마음을 짓누를 때
추억의 향기가 나를 감싸
사랑했던 사람들의 미소가
내 가슴 깊이 새겨지는구나

그들이 나를 부르고
손을 흔들며 나를 기다려
시간의 모래알 속에 숨겨진
소중한 순간들이 되살아나

이제는 멀리 떠난 그 자리
하지만 그리움은 사라지지 않아

모래사장에 남겨진 흔적처럼
영원히 나의 마음에 새겨져

시간의 모래알, 추억의 향기
우리는 모두 그 속에 살아가
소중한 순간들을 기억하며
다시 만날 날을 꿈꾸리라

바다의 심장, 파도 속의 이야기

푸른 수평선이 펼쳐진 곳
바다의 심장, 그 깊은 속에서
무한한 이야기들이 숨 쉬고
파도가 일렁이며 속삭이네

먼 옛날의 배들이 항해하던 길
바람을 가르며 나아갔던 꿈
그들의 고백이 파도에 실려
해변으로 밀려오는 소식이네

바다 속에는 눈물과 웃음이
사랑의 노래와 이별의 아픔이
각기 다른 삶이 교차하며
하나의 멜로디로 엮어지리

모래사장에 앉아 귀 기울이면
파도가 부서지는 소리 속에
영혼의 노래가 들려오고
바다의 심장이 뛰고 있음을 느껴

흔들리는 배를 가리키며
어둠 속에서도 빛나는 별
그들이 전하는 희망의 메시지
끝없이 이어지는 바다의 이야기

긴 여정 속에 잊혀진 꿈들
바다의 깊은 곳에서 부활해

새로운 삶을 찾아 헤엄치며
우리에게 다가오는 그 순간을 기다리네

이제는 나도 그 이야기를 써
바다의 심장 속에서 느끼는 감정
파도와 함께 춤추며 살아가리
영원히 이어지는 바다의 이야기

달빛 아래의 고백

달빛이 부드럽게 내리쬐는 밤
고요한 바람이 속삭이는 이 순간
내 마음 속 깊은 곳에 숨겨둔
너에 대한 고백을 시작하리

은은한 빛이 너의 얼굴을 감싸고
그 눈동자 속에 별들이 반짝여
내 모든 마음이 너에게 쏠리네
달빛 아래에서 느끼는 이 떨림

너와 나, 별빛이 흐르는 길을 따라
수많은 이야기들이 담긴 이 밤
사라져버릴까 두려운 너의 미소
영원히 간직하고 픈 그 순간

너를 바라보며 내 심장은 뛰고
이 순간이 멈추기를 바래
달빛이 우리의 약속을 비추며
운명처럼 엮인 인연을 축복하리

때론 말로 표현하기 어려운 감정
하지만 내 마음 속에서 커져만 가
달빛 아래의 고백이 너에게 닿아
사랑의 불꽃이 피어오르기를

이 밤이 끝나기 전에 전하고 싶어
너에게만 들려주고 픈 내 진실

한 걸음 더 가까이 다가가서
영원히 너를 사랑하겠다고

달빛 아래, 두 사람의 그림자가
하나로 엮여 지는 이 순간에
서로의 마음을 느끼며
사랑의 고백이 이루어지기를.

사라진 계절, 다시 피어나는 꽃

잊혀진 계절의 바람이 불어오고
고요한 기억 속에 잠든 꿈들이
다시 한 번 햇살을 품고 일어나는
꽃들이 피어나며 세상을 물들이네

차가운 겨울이 지나가고
얼어붙은 땅에 따뜻한 비가 내리면
잊혀진 생명들이 꿈틀거리며
조용히 소생의 순간을 기다리리

사라진 계절, 그리움의 무게를 안고
잠깐의 침묵 속에 숨겨진 이야기
새싹이 터져 나와 세상을 향해
소리 없이 외치는 희망의 노래

바람에 실려 오는 꽃향기
그 속에 담긴 과거의 기억과
아픔과 기쁨이 뒤섞인 이야기
다시 피어나는 꽃으로 이어지리

시간이 지나도 변치 않는 마음
사라진 계절 속에서 다시 만나는
희망의 꽃들이 피어나는 순간
우리의 삶에 새로운 시작을 알리네

이제는 두려움 없이 나아가리

잃어버린 계절을 품에 안고
다시 피어나는 꽃처럼
사랑과 희망으로 가득 채우리

희망의 노래

푸른 하늘 아래
햇살이 반짝이며
우리의 마음 속에
작은 꿈이 피어오르네

세상의 모든 소음 속에서
조용히 흐르는 강물처럼
우리의 이야기는 계속되고
서로를 향한 사랑이 깊어지네

별빛 가득한 밤하늘
소중한 이들과 함께
웃음이 넘치는 순간들이
영원히 기억될 거야

그리움이 찾아오는 날에도
함께한 기억은 따뜻한 위로
서로의 손을 잡고
더 높은 곳으로 날아가리

비바람이 몰아치는 날
우리는 함께 이겨내고
서로의 마음을 나누며
희망의 불빛을 밝히네

작은 일에도 감사하며
서로의 존재가 큰 힘이 되기를

마음의 문을 열고
따뜻한 사랑을 나누리

매일매일의 작은 행복
그 속에 담긴 소중한 의미
우리의 삶이 춤추는
희망의 노래가 되기를

이 세상 모든 곁에 있는
사랑과 우정의 끈으로
모두가 함께 어우러져
더 아름답게 빛날 수 있기를

삶의 여정 속에서
서로의 마음을 따뜻하게 하고
함께하는 순간들이
더욱 특별하게 기억될 거야
우리의 이야기가 계속 이어져
세상에 희망의 노래가 퍼지기를.